政治のデザイン
一憲法と国際社会

佐藤潤一　著

敬文堂

はじめに—政治のデザイン

　憲法というアイデアは、歴史的に形成されてきたものである。その歴史を順当にたどるのもひとつのやり方ではあるが、憲法を学ぶ場合には現在の視点から見直す方が概念をつかみやすい。主として筆者の講義を受講する学生の学習の便宜のために著されているが、日本国憲法に関心のある読者が通読しても何かしらの参考にはなることを期待している。

　本書は、政治を行うための一つの制度として形成されてきた憲法という法体系を、理解しやすいように再構成し、無理なく入門知識を得られるように、2013年の出版以来長らく用いてきた『教養　憲法入門』を全面的に書き改めたものである。

　大きな変更点を挙げておこう。

① 　第1講で日本国憲法を概観したこと
② 　章立てではなく、第1講、第2講、というように、基本的には1回の講義で1つの講義を読み進めていくようにしたこと
③ 　基本的には1セメスター15回程度の大学での講義を想定し、本書後半は講義担当者が取捨選択して取り上げることができるようにしたこと
④ 　講義経験をもとに、一層理解しやすい記述を心掛けたこと
⑤ 　詳細に過ぎたきらいがあった前著における統治機構の解説を大幅に圧縮したこと
⑥ 　確認問題、研究課題を各講の末尾に置いたこと
⑦ 　確認問題については本書の末尾に解答解説をおき、研究課題についても参考個所を記したこと

　以上のほか、索引は割愛したが、目次を詳細なものにしておいたので、適宜活用することができるだろう。

　デザインとは、あえて日本語で表現すれば、工夫をめぐらすことである。

　本書の表題となっている《政治のデザイン》とは、政治の方法についての規範的なさまざまな工夫、あえていえば憲法そのものである。たんなる日本国憲法入門にとどまらず、現実の政治との関係性を意識して執筆したことに由来す

i

る。また《国際社会》の副題は、他国との関係性、そして国際社会を無視しては理解が及ばないことを意識して付されており、本書においても随所で他国憲法との比較の視点や国際社会の状況に言及することに努めた。

最後に、実質的に新著といえるほどの大幅な改訂となってしまったことで刊行が大幅に遅れることになったにもかかわらず本書の出版をお引き受けいただいた、敬文堂社長竹内基雄氏に感謝したい。

2024年12月

佐藤　潤一

政治のデザイン─憲法と国際社会

【目　次】

はじめに─政治のデザイン ··· *i*

凡　例 ··· *x*

文献一覧 ··· *xi*

判例出典略語一覧 ··· *xii*

政治思想、政治と法学、憲法に関する読書案内 ····················· *xiii*

第1講　導入講義─日本国憲法を読む ······························· *1*

はじめに ··· *1*

1．上　論 ·· *1*

2．前　文 ·· *2*

　（1）第1段落（第1項）　*2*

　（2）第2段落（第2項）　*4*

　（3）第3段落（第3項）　*4*

　（4）第4段落（第4項）　*5*

3．天　皇（第1章：1条─8条）··· *5*

4．平和主義・戦争放棄（第2章：9条）······························· *6*

5．人権規定（第3章：10条─40条）···································· *7*

　（1）総則的な規定　*7*

　（2）個別の人権規定（概観）　*9*

　①参政権・請願権・国家賠償請求権　*9*　　②人身の自由　*9*

　③自由権の基礎　*9*　　④社会権　*11*　　⑤刑事裁判手続に関する

　権利　*12*　　⑥義務規定　*13*

6．統治の仕組み ·· *13*

　（1）国　会（第4章：41条─64条）　*14*

iii

（2）内　閣（第 5 章：65条—75条）　*16*

（3）司　法（第 6 章：76条—82条）　*17*

（4）財　政（第 7 章）　*18*

（5）地方自治（第 8 章：92条—96条）　*19*

7．憲法の改正・最高法規性と補則‥‥‥‥‥‥‥‥‥‥‥‥‥‥‥‥‥‥‥ *19*

（1）改　正（第 9 章：96条）　*19*

（2）最高法規性（第10章：97条—99条）　*19*

（3）補　則（11章）　*20*

おわりに‥‥‥‥‥‥‥‥‥‥‥‥‥‥‥‥‥‥‥‥‥‥‥‥‥‥‥‥‥‥‥‥ *20*

確認問題（1）　*21*

確認問題（2）　*21*

研究課題（1）　*21*

第 2 講　国民主権と象徴天皇‥‥‥‥‥‥‥‥‥‥‥‥‥‥‥‥‥‥‥ *23*

1．国民主権とは‥‥‥‥‥‥‥‥‥‥‥‥‥‥‥‥‥‥‥‥‥‥‥‥‥‥‥ *23*

（1）基本原理と国民主権　*23*

（2）「主権」の由来　*23*

（3）主権概念の多様性　*24*

（4）多岐に互っている「国民主権」学説　*24*

2．憲法改正手続と国民主権‥‥‥‥‥‥‥‥‥‥‥‥‥‥‥‥‥‥‥‥‥ *26*

3．国民主権と矛盾しないか—天皇制‥‥‥‥‥‥‥‥‥‥‥‥‥‥‥‥ *26*

（1）天皇制の歴史と象徴天皇制の意味　*26*

（2）明治憲法と天皇　*27*

（3）天皇制は日本国憲法でどう変わったのか—象徴天皇制　*28*

（4）女性天皇や女系天皇は可能か—皇位継承と立憲主義　*29*

確認問題（3）　*32*

研究課題（2）　*32*

目 次

第3講　人権の捉え方─総論的なあれこれ ‥‥‥‥‥‥‥‥‥ 33

1．基本的人権─概念とその分類 ‥‥‥‥‥‥‥‥‥‥‥‥‥ 33

（1）自然法思想と日本における人権の考え方　*33*

　①人権概念の日本における受容　*33*　　②人権の歴史　*33*

（2）人権の分類とその意義　*34*

　①公共の福祉　*36*　　②法の下の平等　*36*　　③私人間効力論

39

2．人権の享有主体 ‥‥‥‥‥‥‥‥‥‥‥‥‥‥‥‥‥‥ 40

（1）外国人の権利　*41*

（2）「法人」の権利　*42*

（3）未成年者の権利　*43*

（4）天皇及び皇族の「人権」　*43*

確認問題（4）　*45*

確認問題（5）　*45*

第4講　人身の自由─刑事裁判と人権 ‥‥‥‥‥‥‥‥‥‥ 47

1　罪刑法定主義と適正手続 ‥‥‥‥‥‥‥‥‥‥‥‥‥‥ 47

（1）日本の歴史　*47*

（2）現在の国内法と刑事訴訟法　*48*

　①罪刑法定主義　*48*　　②被告人に対する告知（notice）・聴聞

（hearing）の機会の保障と刑事手続に関する人権規定　*51*

2．具体例で考える罪刑法定主義と適正手続 ‥‥‥‥‥‥‥‥ 52

（1）一斉自動車検問　*52*

（2）裁判員制度を考える　*53*

　①日本の陪審制　*53*　　②裁判員制度　*54*　　③裁判員制度の憲法

上の問題点　*54*

3．法廷通訳─国際人権法の視点 ‥‥‥‥‥‥‥‥‥‥‥‥ 55

確認問題（6）　*57*

v

研究課題（3）　　*57*

第5講　内心の自由・信教の自由と政教分離 ・・・・・・・・・・・・・・・・・・*59*

1．思想及び良心の自由 ・・・・・・・・・・・・・・・・・・・・・・・・・・・・・・・・・・・・・・・*59*

2．信教の自由 ・・・*60*

3．信教の自由と政教分離 ・・・・・・・・・・・・・・・・・・・・・・・・・・・・・・・・・・・・*61*

確認問題（7）　　*64*

第6講　表現の自由の基礎と現代的課題 ・・・・・・・・・・・・・・・・・・・・*65*

1.「表現の自由」保障の意義 ・・・・・・・・・・・・・・・・・・・・・・・・・・・・・・・・・*65*

　（1）条文の内容と歴史　　*65*

　（2）表現の自由の意義　　*66*

2.「表現の自由」の内容 ・・・・・・・・・・・・・・・・・・・・・・・・・・・・・・・・・・・・・・*67*

　（1）「表現」とは？　　*67*

　（2）「表現の自由」の内容―「表現の自由」の三側面　　*68*

　①情報受領権　　*68*　　②消極的情報収集権　　*69*　　③積極的情報収

　集権（請求権的側面）　　*71*　　④情報提供権　　*72*

3.「表現の自由」の制約 ・・・・・・・・・・・・・・・・・・・・・・・・・・・・・・・・・・・・・・*72*

　（1）検閲の禁止（21条2項）　　*74*

　（2）表現内容の制約―事前抑制の原則禁止　　*75*

　（3）表現態様の制約　　*84*

4.「表現の自由」が問題となる場合の違憲審査基準 ・・・・・・・・・・・・・*86*

確認問題（8）　　*88*

確認問題（9）　　*88*

確認問題（10）　　*88*

研究課題（4）　　*89*

目　次

第7講　経済的自由の現代的課題 ……………………………… 91

1．財産権以外の経済的自由 ……………………………………… 91
（1）居住移転の自由　*91*

（2）職業選択の自由・営業の自由　*93*

（3）海外移住・国籍離脱の自由　*95*

2．財産権 ……………………………………………………………… 96
（1）財産権条項―何が問題か？　*96*

（2）正当な補償　*99*

（3）臓器移植問題と財産権論―なぜ「臓器移植問題」と「財産権」が関係するのか？　*100*

確認問題（11）　*103*

研究課題（5）　*103*

第8講　社会権の今 ……………………………………………… 105

1．社会権の基本概説 …………………………………………… 105
（1）生存権　*105*

（2）教育を受ける権利　*106*

（3）労働者の権利　*107*

2．社会権の発展問題 …………………………………………… 108
（1）居住権論との関係　*108*

（2）ホームレス問題　*110*

確認問題（12）　*113*

第9講　現代の人権問題 ………………………………………… 115

1．「新しい人権」という考え方 ………………………………… 115
（1）「新しい人権」論　*115*

（2）環境権　*115*

vii

（3）プライバシーの権利　*116*

2．家族生活に関する権利と24条の現代的課題 ・・・・・・・・・・・・・・・・・・・・・・・ *119*

（1）24条の法意　*119*

（2）日本国憲法の制定と家族法制度の改革　*120*

（3）明治時代の民法規定　*122*

（4）憲法24条と民法親族・相続編の改正　*123*

（5）夫婦同姓と選択的夫婦別姓制度　*123*

（6）同性婚の問題　*123*

3．新型コロナウイルス感染症対策と憲法 ・・・・・・・・・・・・・・・・・・・・・・・・・・・ *124*

（1）感染症対策についての基本概観　*125*

（2）憲法上正当化困難な施策　*126*

（3）憲法上の正当化が一応可能であると思われるもの　*126*

（4）全体的にやむを得ないものと思われるもの　*127*

4．参政権の現代的課題 ・・ *129*

（1）憲法15条と国民主権—選挙権・被選挙権と選挙制度　*129*

（2）投票価値の平等　*132*

確認問題（13）　*134*

研究課題（6）　*134*

第10講　平和主義の歴史と今 ・・・・・・・・・・・・・・・・・・・・・・・・・・・・・・ *135*

1．9条の制定史と主要な憲法9条の解釈学説 ・・・・・・・・・・・・・・・・・・・ *135*

2．有権解釈概観 ・・ *137*

（1）立法解釈—「防衛法制」概要　*137*

（2）司法解釈—9条解釈にかかわる基本判例　*140*

（3）政府解釈　*141*

3．平和安全法制の問題 ・・ *142*

4．平和と人権—平和主義と平和的生存権論 ・・・・・・・・・・・・・・・・・・・・ *145*

（1）平和と人権　*145*

（2）平和的生存権　*146*

目　次

（3）議会による保障と裁判所による保障　*147*

確認問題（14）　*149*

確認問題（15）　*149*

研究課題（7）　*150*

第11講　政治のデザイン構想 ・・・・・・・・・・・・・・・・・・・・・・・・・・・・・・・・・ *151*

1．権力分立 ・・ *151*

2．議院内閣制 ・・・ *152*

3．内閣と国会の関係 ・・・・・・・・・・・・・・・・・・・・・・・・・・・・・・・・・・・・・・・ *155*

4．政　党 ・・ *158*

5．財　政 ・・ *161*

確認問題（16）　*164*

第12講　裁判所と司法権―裁判のデザイン構想 ・・・・・・・・・・・・・・ *165*

1．裁判所 ・・ *165*

2．司法審査の原則 ・・ *167*

3．司法審査の枠組みと憲法適合性審査 ・・・・・・・・・・・・・・・・・・・・ *168*

（1）司法権　*168*

（2）司法審査の対象　*169*

（3）司法審査の形式的要件　*170*

（4）違憲判断の特徴　*171*

（5）判決理由の変遷　*176*

（6）今後憲法違反の判断は増えるか？　*178*

確認問題（17）　*179*

おわりに―憲法改正手続と国民主権 ・・・・・・・・・・・・・・・・・・・・・・・・・・・ *181*

確認問題解答解説 ・・ *185*

付録（日本国憲法・明治憲法）・・・・・・・・・・・・・・・・・・・・・・・・・・・・・・・ *189*

ix

凡 例

一　本書は専門書ではないので、文献の詳細な引用はしていない。引用した際には
　　［　］で出典を示した。それほど多くはないが引用する場合は漢字仮名遣い等は原
　　文に即している［⇒文献一覧参照］。年号は原則として西暦表記で統一した。適宜
　　必要に応じて和暦を併記している。なお、目次末尾に読書案内を置いた。Web上
　　のリソースを参照した場合はURI（URL）を示しているが、基本的に2024年12月
　　にアクセスしたものである。

一　法令は縦書きであり、条文番号は原則として漢数字であるが、本書が横書きの初
　　学者向け書籍であることと、読みやすさとを考慮して、基本的に算用数字に直して
　　引用している。なお条文は、法令名を省略している場合や、単に「憲法○条」とあ
　　る場合には、日本国憲法の条文を指している。ただし、漢字仮名遣い等は原文に即
　　していることは文献引用と同様である。法令名が略称で示した場合がある。正式名
　　称はポケット六法（有斐閣）などを参照のこと。文献・判例同様2024年12月時点で
　　の法令に準拠している。

一　解釈論を扱う以上判例に言及せざるを得ないが、本書では基本的に要旨を述べ
　　るにとどめている。また判例の出典は、例えば「最高裁判所第二小法廷平成元年
　　11月20日判決民集43巻10号1160頁」を「最二小判平元（1989）・11・20民集43-10-
　　1160」と西暦を併記した上で略記している。

一　相互参照をすることが理解に有益である場合には、たとえば［⇒第2講］という
　　ように、関係ある箇所を⇒で示した。

文献一覧

　本書では憲法の教科書・体系書・専門書について詳細な引用はせず、著者名を示すに止めた。基本的に下記**ゴチック**部分の著者名のみを示している。なお表記上紛らわしい場合は本文中でもフルネームで記した。

赤坂正浩『憲法講義（人権）』（信山社、2011年）

芦部信喜・高橋和之補訂『憲法〔第8版〕』（岩波書店、2023年）

伊藤正己『憲法〔第3版〕』（弘文堂、1995年）

奥平康弘『憲法Ⅲ憲法が保障する権利』（有斐閣、1993年）

尾吹善人『日本憲法―学説と判例―』（木鐸社、1990年）

菅野喜八郎『国権の限界問題』（木鐸社、1978年）

小嶋和司・大石眞『憲法概観〔第7版〕』（有斐閣、2011年）

清宮四郎『憲法Ⅰ〔第3版〕』（有斐閣、1979年）

阪本昌成『憲法理論Ⅲ』成文堂、1995年

佐々木惣一『改訂日本国憲法論』（有斐閣、1952年）

佐藤幸治『日本国憲法論（第2版）』（成文堂、2020年）

渋谷秀樹『憲法』（有斐閣、2007年）

高橋和之『立憲主義と日本国憲法〔第6版〕』（有斐閣、2024年）

中川剛『基本的人権の考え方』（有斐閣、1991年）

長谷川正安『憲法とはなにか』（新日本新書、2002年）

長谷部恭男『憲法第8版』（新世社、2022年）

松井茂記『憲法〔第4版〕』（有斐閣、2022年）

美濃部達吉著・宮澤俊義補訂『日本國憲法原論』（有斐閣、1952年）

宮澤俊義『憲法Ⅱ〔新版〕』（有斐閣、1972年）

宮澤著・芦部信喜補訂『全訂日本国憲法』（日本評論社、1978年）

判例出典略語一覧

判例の出典について、以下の略語を参照。

略称	正式名称
民集	大審院民事判例集
	・最高裁判所民事判例集
刑集	大審院刑事判例集
	・最高裁判所刑事判例集
集民	最高裁判所裁判集民事編
集刑	最高裁判所裁判集刑事編
民録	大審院民事判決録
刑録	大審院刑事判決録
最大判	最高裁判所大法廷判決
最一小判	最高裁判所第一小法廷判決
高民集	高等裁判所民事判例集
高刑集	高等裁判所刑事判例集
下民集	下級裁判所民事裁判例集
下刑集	下級裁判所刑事裁判例集
行集	行政事件裁判例集

略称	正式名称
東高民時報	東京高等裁判所民事判決時報
東高刑時報	東京高等裁判所刑事判決時報
訟月	訟務月報
刑月	刑事裁判月報
行月	行政裁判月報
家月	家庭裁判月報
労民	集労働関係民事裁判例集
労判	労働判例
裁時	裁判所時報
最判解	最高裁判所判例解説
判時	判例時報
判評	判例時報に添付される判例評論
判タ	判例タイムズ
交通民集	交通事故民事裁判例集

政治思想、政治と法学、憲法に関する読書案内

　読者には、ここで挙げた古典的著作、代表的な憲法や法学、政治思想に関する諸著作の1冊でもいいので、読み通して欲しい。よくわからなくても、一度頁を追っておくだけで、格段に憲法の理解が深まる。

　なお、普通の意味での憲法体系書や入門書は、本書の凡例や随所で参考文献として挙げたので、ここではあえて掲載しなかった。ただし、宮澤俊義『憲法講話』（岩波新書、1967年）と戒能通孝『法律講話』（慈学社、2011年）は古典的名著なのでなによりまず最初に手に取ってほしいと思う。また全体的な参考文献として、古田裕清『翻訳語としての日本の法律用語　原語の背景と欧州的人間観の探求』（中央大学出版局、2004年）を挙げておく。

①高木八尺・末延三次・宮澤俊義編『人権宣言集』（岩波文庫　白1-1、34-001-1、1957年）

②高橋和之編『新版　世界憲法集　第二版』（岩波文庫　白2-1、2012年）

③ホッブズ著、水田洋訳『リヴァイアサン［1～4巻］』（岩波文庫　白4-1～4、1巻1992年改訳、2巻1992年改訳、3巻1982年、4巻1985年）※専門的だが憲法との関係は本田裕志訳『ホッブズ　市民論』（京都大学学術出版会、2008年）の方がより深い。

④J.S.ミル著、山岡洋一訳『自由論』（光文社古典新釈文庫、2006年）

⑤ロック著、鵜飼信成訳『市民政府論』（岩波文庫　白7-7、1968年）※後編のみの訳だが重要な意味を持っている。ただし、現在はジョン・ロック著、加藤節訳『完訳　統治二論』（岩波文庫　白7-7、2010年）（前編も訳されている）の方が入手しやすい。

⑥ルソー著、桑原武夫・前川貞次郎訳『社会契約論』（岩波文庫　青623-3、1954年）※ルソー著、作田啓一訳『社会契約論』（白水社〈白水Uブックス1117〉、2010年）もある。

⑦ルソー著、本田喜代治・平岡昇訳『人間不平等起源論』（岩波文庫、1972年）

⑧モンテスキュー著、野田良之・稲本洋之助・上原行雄・田中治男・三辺博之・横田地弘訳『法の精神［上・中・下］』（岩波文庫、1989年）

⑨ハンス・ケルゼン著、長尾龍一・植田俊太郎訳『民主主義の本質と価値　他一篇』（岩波文庫　白16-1、2015年）※新訳によって格段に読みやすくなっている。

⑩カール・シュミット著、樋口陽一訳『現代議会主義の精神史的状況他一篇』（岩波文庫　白30-1、2015年）

⑪カール・シュミット著、権左武志訳『政治的なものの概念』（岩波文庫　白

30-2、2022年)

⑫シイエス著、稲本洋之助・伊藤洋一・川出良枝・松本英美訳『第三身分とは何か』(岩波文庫　白6-1、2011年)

⑬トマス・ペイン著、西川正身訳『人間の権利』(岩波文庫　6897-6900、1971年)

⑭モルリィ著、大岩誠訳『自然の法典』(岩波文庫　白23-1、1951年)

⑮H.J.ラスキ著、飯坂良明訳『近代国家における自由』(岩波文庫　白18-1、1974年)

⑯H.L.A.ハート著、長谷部恭男訳『法の概念（第3版)』(ちくま学芸文庫、2014年)

⑰美濃部達吉『憲法講話』(岩波文庫　白32-1、2018年)

⑱佐々木惣一『立憲非立憲』(講談社学術文庫、2016年)

⑲尾高朝雄『国民主権と天皇制』(講談社学術文庫、2019年)

⑳奥平康弘『治安維持法小史』(岩波現代文庫、2006年)

㉑長尾龍一『リヴァイアサン　近代国家の思想と歴史』(講談社学術文庫、1994年)

㉒長尾龍一『日本憲法思想史』(講談社学術文庫、1996年)

第1講　導入講義—日本国憲法を読む

　小学校の社会科からずっと、実は英語より長くつきあっているはずなのが、日本国憲法である（いちいち日本国憲法というと長いので、以下では単に憲法という）。ただ憲法にどのような規定があるかは、知っているようで知らないこともあるだろう。なお国会、内閣、裁判所（あわせて統治機構という）の規定等については、かいつまんで見るだけにしておく［⇒第11講・第12講］。

はじめに

　日本国憲法を「読む」前に**一般的に憲法とはどういう「法」か**ということを簡単に述べておく。「憲法」という名称がついている法典「憲法」である（**形式的意味の憲法**）。それはその通りなのだが、たとえば朝鮮民主主義人民共和国憲法のように実効性がないものもある。実質的に**立憲主義**（Constitutionalism）、すなわち、**人権保障とそれを確保するための権力分立**（統治の組織を権限に応じて分け、権力を集中させすぎないで国家権力の恣意的行使を防ぐ仕組み）**が確保されている国家体制が確立**していればその国には実質的な憲法（**立憲的意味の憲法**という）があるといえる。これが成文で書かれている国（**成文憲法または成典憲法**）がほとんどである。日本のように**日本国憲法という成文法典**がある国を指す。ただし、イギリスなど**不文（非成典）憲法**の国もある。イギリスは立憲主義の母国といわれるが、イギリスでは2000年代まではむしろ「法の支配」（Rule of Law）という語が用いられてきた。近年も用いられるが、成文憲法が確立する以前の政治の基本であり、国王が神と法の下にあることを強調する考え方である。

1．上　諭

　憲法の公布文である上諭から順番に見ていこう。簡単な解説もつけておく。**上諭は、憲法の一部ではない。**実際に交付されたものを見ていればわかるが、上諭のあとに「日本国憲法」という標題があることからも明らかである。最初にある「朕」が天皇の自称、天皇が自分のことをいうときに使う言葉で、「ち

ん」という読みだけでなく、「われ」「あれ」などと読まれることもある。上諭を読んでわかるのは、「帝国憲法」（正式には大日本帝国憲法、よく明治憲法と呼ばれる。以下においては明治憲法と表記する）を「改正」した憲法として天皇によって「公布」されているのが日本国憲法であるということである。公布は、広く一般国民に法律などの内容を知らせることで、政府が発行する、法律や内閣の構成員などを一般国民に知らせるための一種の新聞である官報に掲載される。天皇は明治憲法の手続に則っていることを示すために、上諭の中で「枢密顧問の諮詢及び帝国憲法第73条による帝国議会の議決を経た帝国憲法の改正を裁可し」た、といっている。御名は実際には昭和天皇の名前（裕仁）が書かれていることを示しており、また御璽は天皇の印鑑である。明治憲法では改正手続は73条に規定してあり、天皇が改正案を出して、貴族院と衆議院からなる帝国議会で審議したあと、首相経験者などからなる枢密院の構成員である枢密顧問に内容をチェックさせた（これを「諮詢」という）うえで、公布することになっていた。実際には明治憲法の改正はこの日本国憲法への改正1回だけであった（そもそもこれが「改正」であったのか「新たな憲法の制定」であったのかは争いがある）。上諭の後日本国憲法の本文である前文の前に憲法成立当時の内閣が署名している。日本史で名前を聞いたことがあるだろうが、幣原喜重郎が「男爵」となっているところに時代を感じることもできよう。文部大臣の田中耕太郎は後に最高裁判所の長官になっている。

2．前　文

　次に憲法の前文を見よう。すこし長いので段落毎に見ていく。そもそも法規範であるかどうか（つまり、前文「違反」がそもそも成り立つのか）について、どちらかというと否定的に捉えられているが、**憲法を「読む」「解釈する」ための指針（ガイドライン）**となることについては争いがない。

(1) 第1段落（第1項）

「正当に選挙された国会における代表者を通じて行動し」というのは、ふつう**代表制民主主義を憲法が採用した**という意味で捉えられる。憲法制定の時には帝国議会しかなくて、国会はなかったのだから、これはこれから国会をつく

第1講　導入講義—日本国憲法を読む

ってそれを運用して行くべきだという意味である。

「われらとわれらの子孫のために、諸国民との協和による成果と、わが国全土にわたつて自由のもたらす恵沢を確保」するというのは二つのことを言っている。「諸国民との協和による成果…を確保」するというのは**国際協調を重視する**ということであり、「わが国全土にわたつて自由のもたらす恵沢を確保」するというのは日本に自由主義を根付かせよう、**自由権を重視しよう**ということである。わかりにくいが、二つ目は**人権保障の重要さ**を強調していると言われる。前文の三段落目に「われらは、いづれの国家も、自国のことのみに専念して他国を無視してはならないのであつて、政治道徳の法則は、普遍的なものであり、この法則に従ふことは、自国の主権を維持し、他国と対等関係に立たうとする各国の責務であると信ずる」とあることは、一つ目の国際協調の大切さを敷衍していると考えられる。なお、ここに出てくる「自国の主権」というのは、**日本が独立国家であること**を示す（**国家主権**という）。

「政府の行為によつて再び戦争の惨禍が起ることのないやうにすることを決意」する。これはわかりやすい。**平和主義、戦争放棄**の基本である。この部分は二段落目の「日本国民は、恒久の平和を念願し、人間相互の関係を支配する崇高な理想を深く自覚するのであつて、平和を愛する諸国民の公正と信義に信頼して、われらの全と生存を保持しようと決意した。われらは、平和を維持し、専制と隷従、圧迫と偏狭を地上から永遠に除去しようと努めてゐる国際社会において、名誉ある地位を占めたいと思ふ。われらは、全世界の国民が、ひとしく恐怖と欠乏から免かれ、**平和のうちに生存する権利**を有することを確認する」という部分にも現れている。

「ここに主権が国民に存することを宣言」するというのも文字通りで**国民主権の宣言**である。1条でも「主権の存する日本国民」という言い回しがある。国民に主権があるというのは、簡単に言えば、国の政治を最終的に決めることができるのは、国民であると言うこと、そして普段の選挙などでできるだけ多くの国民の意思が政治に反映されるべきだということを示している。

「この憲法を確定する」という部分は、わかりやすいようでちょっと微妙かもしれない。憲法自体の建前としては、天皇が「統治権を総攬」していた明治憲法を改正して「国民主権」の国とするという憲法を「国民が確定する」とい

3

うのである。

「そもそも国政は、国民の厳粛な信託によるものであつて、その権威は国民に由来し、その権力は国民の代表者がこれを行使し、その福利は国民がこれを享受する」というのは、よくアメリカのリンカーン大統領がゲティスバーグで行った演説に基づくといわれる。それもあるかもしれないが、それだけでなく、フランクリン・ルーズベルト大統領の、四つの自由に関する一般教書にも似たような言葉がある。いずれにせよ、**民主主義の大切さ、国民主権の意義を別の側面から強調している**ともいえる。

最後の「これは人類普遍の原理であり、この憲法は、かかる原理に基くものである。われらは、これに反する一切の憲法、法令及び詔勅を排除する。」はほぼ文字通りではあるが、ここにいう「憲法」は「**日本国憲法に反することとなる実質的な憲法の効力をもつ法**」と読まないと意味が通らない。

（2）第2段落（第2項）

第2段落以降はこの第1段落をより詳しく説明している部分である。

平和主義の補足的言及ともとらえられるが、**憲法全体の中でここでしか「安全」という言葉が用いられていないことには注意すべきである。**

また、「われらは、全世界の国民が、ひとしく恐怖と欠乏から免かれ、平和のうちに生存する権利を有することを確認する」という部分は「平和のうちに生存する権利」という言葉が有名である。いろいろな捉え方があるが、**平和が確立していなければ人権保障は意味がない、という意味で平和と人権が不可分一体のものなのだ、ということが第一義**である。

（3）第3段落（第3項）

「いづれの国家も、自国のことのみに専念して他国を無視してはならない」とか「政治道徳の法則は、普遍的なものであり」などは、**国際協調と民主主義の確保が大事なのだ、**ということを述べている。

「自国の主権を維持し」との言及は、英訳では「自国の主権を維持しようとする全ての国家（all nations who would sustain their own sovereignty）」というところに対応する。ここで「主権」という言葉が出てくるが、これは国

民主権というときの主権とは違う。再確認であるが、国家が独立していること
を意味するものである。主権という言葉は立ち入るとなかなか難しい。さしあ
たってここまで二つの意味があることが分かる。

(4) 第4段落（第4項）

「日本国民は、国家の名誉にかけ、全力をあげてこの崇高な理想と目的を達
成することを誓ふ」。これは文字通りの意味と取るべきで、さしたる法的意味
はないと取るのが通常である。

3．天皇（第1章：1条—8条）

憲法が天皇を象徴としていることはよく知られている（1条）。そもそも国
民主権、ありていにいえば国民こそが国家の運営主体であるはずの日本国憲法
が天皇の章から始まっているのは、体裁として明治憲法の改正憲法として成立
したからである。その分、国民主権の憲法であることが、実はわかりやすいと
はいえない。

第1条にいう「象徴」というのが、天皇という地位に就いている、今上陛
下が象徴だといっているのか、その地位そのものが象徴なのか、わかるようで
わかりにくい。2条が「皇位は、世襲」であるといっているのは、「天皇とい
う地位」＝「皇位」だから、後者の意味で1条が定められていることを意味し
ていると解するのが一般的である。ちなみに2条の「皇室典範」は憲法が法律
の名称を指定している唯一の例である。

1978年に制定されたスペイン憲法56条は、国王のことを「国の統一および永
続性の象徴である」としており、これは日本の憲法に似ている（ただし国王を
元首と明記している点は大きく異なる）。

第1章の内容は、天皇が、政治的な行為を自分の意思で行うことはできな
い（3条・4条）、つまり「国政に関する権能を有しない」（4条）と定めてい
る。天皇の「国事に関するすべての行為」＝「国事行為」には、「内閣の助言
と承認」が必要で、内閣がその責任を負う（3条）。「助言と承認」は、内閣の
意に基づく行為だけを意味していて、天皇がまず独自判断で行った行為を「承
認」することはない。そのような観点からは、この規定は不正確といえる。

内閣総理大臣と最高裁判所の長たる裁判官を任命（6条）するのが天皇であるとされているところなどは、天皇の権威を認めているものと読むことができる。摂政の規定に関する「準用」は、主語を読み替えて適用する、という意味である。

　さて、国事行為の具体的内容は7条に列挙されている。

　解釈の問題を生ずる規定もあるが、一応読んでわからないわけではない。官吏という言葉は、今はほとんど使われないが（日本国憲法では93条2項にも出てくる）、ようするに公務員のことだと思っておけば問題ない（なお、条文の最初の文で、こういうふうに後にいろいろ列挙される場合、柱書、といい、本来縦書きなので、次にあげる、ではなく、左の、という言い方になっている）。最後の「儀式」は実務上非常に広く解釈されている。

　この他第1章には、天皇の代わりに職務を行うことができる摂政の規定（4条・5条）と、皇室財産に関する「皇室に財産を譲り渡し、又は皇室が、財産を譲り受け、若しくは賜与することは、国会の議決に基かなければならない」（8条）という規定が置かれている。

4．平和主義・戦争放棄（第2章：9条）

　9条は見たことも聞いたこともないという人は、まずいないだろう。

　どうしてこの規定で自衛隊を政府が合憲と主張できるのかよくわからない、という読者もいるだろう。けれども、日本で実際に全く「軍事力」がなかったのは、1947年の憲法施行時から、1950年の警察予備隊設置までわずか3年間である。2015年夏には**集団的自衛権の限定行使を容認する一連の法律**が可決された（いわゆる**平和安全法制**［「平和安全法制整備法」と「国際平和支援法」]）。これらの法律については、違憲の疑いがかなり明白ではないかという指摘がある。

　ここでは憲法の規定をざっと読んでみることが目的なので、あまり立ち入らない。**自衛権**という、よく問題になる言葉の意味が、戦争の放棄に関する条約、通称「不戦条約」が結ばれた1928年と、憲法が作られた1946年とでは、大分違っていたということだけは確認しておこう。また**憲法には自衛権という言葉はない**（本来国際法上の用語であり、そもそも世界のどの国の憲法も自衛権

という言葉は明示していない）。なお、1項にある「国権」という語は通常統治権のことで、国の政策的決定として、という意味である（41条でもこの語は用いられている）。

第二次世界大戦頃まで、つまり戦前までは、自衛権についての考え方が今とは異なっていた。**自己保存権**とか**国家の自己決定権**とかいわれるが、要するに「国がその生き残りを求めることそれ自体」を「自衛」と称していた。1945年に国連憲章ができた時点で、**自衛権を行使するというのは、あくまで武力攻撃に対する最小限度の反撃だけを意味する**ことになった。自衛戦争が9条の下でも可能だという説を唱えている人も、実はこういう必要最小限度の反撃をすることを自衛戦争と言っていることがほとんどだということは理解しておく必要はある。

5．人権規定（第3章：10条—40条）

（1）総則的な規定

人権規定は、内容的なまとまり毎に区切っていこう。

標題は「第3章　国民の権利及び義務」となっている。明治憲法の時は「臣民権利義務」だから、保障対象は広くなっているが、日本国内に居住する外国人の数が随分と増えた現在の目から見れば、違和感もあるかも知れない。**10条は「日本国民の要件」を法律で定めるべきこと**を規定する。10条は、法律でいかようにも内容を定められる、と読んでしまうと、国民が主権者であることと、どう関係するのか、理解に苦しむことになる。実際には**憲法の人権条項を考慮し、また伝統的に日本人とされてきた人々を理由無く排除してはならない**ということである。

11条が97条とともに「基本的人権」といい、12条が「この憲法が国民に保障する自由及び権利」と言っているのをどう捉えるかについては、随分色々な立場がある。少なくとも**基本的人権が「侵すことのできない永久の権利」**と言っているのは、制限はともかく、その**「剝奪」は絶対に許されない**という趣旨に読むべきである。そのような考え方の前提となっているのが、どんな人でも生まれながらにして人権＝自然権を有するはずで、それを支えるのが自然法なのだ、という考え方である。

7

13条は、高校までの社会科や政治経済の教科書であまり強調されていないが、憲法の大原則を示していると言っても過言ではない。**個人主義を宣言し、戦前の全体主義的傾向を否定する**ところが重要で、また「生命、自由及び幸福追求に対する国民の権利については、**公共の福祉**に反しない限り、立法その他の国政の上で、最大の尊重を必要とする」という後段は、**人権の中核が「生命、自由及び幸福追求に対する…権利」であることを確認するとともに、それを最大限に尊重するのが統治機構の役割だということも示している**（一般的には公共の福祉はこのような意味で人権の「限界」といわれる）。こういう考え方を**立憲主義**という。

　一般に立憲主義が歴史的に確立したのはフランス革命やアメリカ独立革命である。典型的にはフランス人権宣言16条に示される。フランス人権宣言16条は「権利の保障が確保されず、権力の分立も確立していない社会はおよそ憲法をもつとはいえない」と規定している。

　14条は、差別の禁止、平等原則を定める。1項で「すべて国民は、…」とあるが外国人は差別してよいという趣旨ではもちろんない。とくに後段の「人種」から始まる様々なことばが列挙されているが、これはまず絶対に許されない差別の指標だと考えられる。他の指標に基づく差別ならよい、などということはもちろんない。「政治的、経済的または社会的関係」において差別されないというのは、要するに社会生活のどのような場面であっても差別は許されないという原則を示している。とはいっても、これは国家が法律や行政的決定、裁判において差別を許容するなということであって、民間における差別の禁止は法律で別途行うべきだという理解が普通である。ほとんどの自由民主主義国は差別禁止法を制定している。2項も3項も、本質的には1項があれば不要であるようにも見えるが、明示的に身分制を禁止する意図がある。

　ところで日本国憲法は、81条で裁判所に**違憲審査権限**（憲法適合性審査権）を認めている。14条に関する判決はかなり多い（日本で最初に下された違憲判決も14条に関係する**尊属殺重罰規定違憲判決**である）。2013年9月4日にも、最高裁判所が、民法の定めている法定相続分について、嫡出子と婚外子（非嫡出子）との相続分が2：1であることは、14条違反である、との判決を下している（解釈の範となるような判決の主要部分を判例という）。

人権に関する条文で、13条や14条のように主語が国民となっているものも多いが、これらの条文の公式英訳は、the people となっている。次の15条でさえもそうである。国民とか日本国民の英訳であれば National とか Japanese people となりそうなものだ。ただし、10条は「日本国民たる要件」を"The conditions necessary for being a Japanese national"となっている。

（2）個別の人権規定（概観）

①参政権・請願権・国家賠償請求権

15条は一般に参政権を、16条は請願権を定める。15条と16条を合わせて参政権の保障と読む人もいる。16条については国務請求権の一種と捉える立場もある。人権の分類は憲法の人権規定を把握するためのものであって、それ以上のものではないから、分類自体にあまりこだわる必要はない〔⇒第3講1．（2）〕。

国家賠償請求権について定める17条は非常に意義が大きい条文である。明治憲法の時代には、国の責任を追及することは基本的にできなかった。行政に関する裁判は行政裁判所で扱われていて、東京に行かないと裁判ができなかった（明治憲法61条、行政裁判法参照）。17条はこれを覆した点で大変重要な意味を持っている。17条を実現するために国家賠償法という6条しかない法律が制定されている。17条違反の違憲判決がある（郵便法違憲判決）ことは注目してよい。

②人身の自由

公務員による拷問の絶対禁止と意に反する苦役を禁ずる18条は、一見すると、今更こんな条文はいらないのではないかと思われるような規定である。しかし、拷問等禁止条約のような条約が制定されていることや、日本の政府が、徴兵制を実施しないのは18条に反するからである、と表明していることなどからすれば、やはり重要な条文である。最近では裁判員制度との関係で再び注目を集めている。広くとらえる人は18条、31条、33条～39条をすべて人身の自由ととらえる〔⑤も参照〕。

③自由権の基礎

内心にかかわる19条（思想良心の自由）と内心と外面的行動がかかわる信教の自由が20条に規定されている。明治憲法時代も、本来は最も保障されてい

るはずだった信教の自由は、周知のように、国家神道なるものが強調され、大変な状態に陥った。こういう事態に対する反省もあって、宗教を信ずる自由（もちろん宗教を信じない自由＝無神論の立場も含めて）、内心の自由を強調するために、これらの条文が設けられた。戦前の宗教弾圧に対する反省もあって、信教の自由を支えるものとして**政教分離**も定められている。

　19条の思想良心の自由の外面的顕れであり、20条の信教の自由などとも密接なかかわりがあり、さらに民主主義の政治制度にとって非常に大きな意味を持つのが**21条**の**表現の自由**に関する規定である。一見当然のことのようで、明治憲法ですら一応保障していた（明治憲法29条）。実際には、特に戦時中大幅に制約されたこともあって、このような規定が置かれたのである。注目すべきは、むしろ**検閲を禁止する**2項である。有川浩『図書館戦争』（角川文庫）という小説（漫画や実写映画などにもなっている）はこの問題を戯画的に描いたものであるが、検閲というものの恐ろしさの本質を描いている。

　22条の規定は経済的自由を保障するものといわれるが、明治憲法も22条で**居住移転の自由**を保障していた点は同じである。日本国憲法の特徴は、22条の1項で**職業選択の自由**が追加されたこと、2項が**国籍離脱の自由**を保障していることである。国籍離脱の自由が保障されたことで、国民が主人公であること（国民主権）が実質的に担保されているとも考えられる。もっというと「国籍離脱の自由」が権利であるということでもある。

　さて、表現の自由など他の人権規定で充分カバーできそうなのにわざわざ**23条**に**学問の自由**に関する規定が置かれているのは、明治憲法時代に、学問研究に対する弾圧があったことに対する反省から来ている。イギリスやアメリカではこういう明文規定はない。ドイツの憲法でむしろ規定され、いろいろと考察されてきたものなので、日本ではよくドイツの議論が紹介される。

　婚姻の自由・婚姻における平等に関する**24条**は自由権ととらえるか社会権ととらえるかでいろいろな主張がある。確実に言えるのは民法の親族編（第4編）相続編（第5編）が改正されたのは本条が規定されたからである。「**封建的」な家族制度を撤廃する**ことが目的とされたが、実のところ明治32年制定の旧民法が規定していた家族関係規定は、特殊フランス的で、妻に対する制限が大きすぎるという指摘もあった［鳩山秀夫『日本民法総論』（岩波書店、1927

年）87〜89頁]。

④社会権

25条〜28条は通常まとめて「社会権」と呼ばれる。自由権が「国家からの自由」と呼ばれるのに対して、社会権は「国家による自由」とも呼ばれる。国家、というか政府が社会保障・サービス給付のための法律を整備して初めて実効性が出てくるという点で抽象的権利と呼ばれることもある。もっとも、25条2項、27条2項ははっきりと「法律の定めるところにより」とあるのに、それ以外のところではそうは書いていない。そうであれば、表現の自由などとも、それほど性質は変わらないのではないかと思うかもしれない。しかしここで、社会権が「国家による自由」とも呼ばれる理由を思い起こしてほしい。自由権と呼ばれる権利（思想良心の自由・19条や表現の自由・21条など）の場合、国家がその権利を侵害しているかどうかを裁判所などが認定するにあたって法律の規定は必要ない。これに対して社会権と呼ばれる規定はどれも、そういうわけにはいかない。25条1項（生存権）は典型的であり、健康で「文化的な」最低限度の生活を営む権利の侵害を、法律なしで裁判官が判断できるはずがない。というよりも、裁判官になにが最低限度の文化的生活か、を決められるのは困るはず。もちろん健康であるための最低限度の条件であれば、ある程度合理的に算出可能だろうが、それを法律で規定した基準なしに裁判官が個別に行ったのではあまりにも非効率である。条文を直接に読むことでこういうことが理解しやすくなる。

　教育を受ける権利（26条1項）といわゆる義務教育（26条2項）は結構誤解を受けている条文である。義務教育は、その根拠にいろいろな争いはあるけれど（1890年に発布された教育勅語の「學ヲ修メ業ヲ習ヒ以テ智能ヲ啓發シ徳器ヲ成就シ…」だという説や、いやもっと早く1886年の小学校令3条「児童6年ヨリ14年ニ至ル8箇年ヲ以テ学齢トシ父母後見人等ハ其学齢児童ヲシテ普通教育ヲ得セシムルノ義務アルモノトス」だという主張も、教育勅語と同じ1890年第3次小学校令「学齢児童保護者ハ就学ノ始期ヨリ其ノ終期ニ至ル迄学齢児童ヲ就学セシムルノ義務ヲ負フ」だという説もある）、明治時代から、あくまで子のいる保護者の義務であった［森秀夫『日本教育制度史』（学芸図書株式会社、1984年）第3章］。

29条の条文は、ちょっと分かりにくいかもしれない。1項にある「侵しては
ならない」という文言は、「財産権」が法律の規定では濫りに侵害できない権
利であることを示しているように見えるのに、2項では肝心のその内容が法律
で定めることになっており、さらに3項では公共のために用いることが当然の
前提になっている。財産権ということばは、**私有財産制度**そのものを指してい
るのだ、という理解が有力である。22条と合わせて「**経済的自由権**」というよ
うに説明される。

⑤刑事裁判手続に関する権利

日本国憲法の人権条項でもっとも詳しい部分である。29条までの規定と異な
り、31条から40条までの規定は、31条と40条はともかく、それ以外は条文だけ
で裁判所が細かな判断を十分行うことができる規定になっている。本来は刑事
訴訟法、つまり**刑事裁判手続に関する法律（刑事訴訟法）**で定めるような内容
である。それが憲法でこのように詳しく規定されているのはなぜか。第2次世
界大戦に至る歴史において、とくに1925年に普通選挙制度導入と同時に制定さ
れた**治安維持法**によって、共産主義者への弾圧、封建君主的に捉えられた天皇
制の強化が行われたことによって、多くの問題が生じた。そういった事態を二
度と起こさないための反省が、これらの規定に表れていると言える。

31条では、法律の定める＝**罪刑法定主義**、手続による＝**適正手続**、という理
解がなされている。文字通りに読んだ場合「適正」という言葉は出てこない
が、アメリカの影響を強く受けて制定されたことから、アメリカにおける刑事
裁判手続の考え方を取り入れて理解されている。

32条（裁判を受ける権利）は文字通りに読んで問題がない規定である。明治
憲法では「日本臣民ハ法律ニ定メタル裁判官ノ裁判ヲ受クルノ権ヲ奪ハルル
コトナシ」と定められていたので、日本国憲法の方が、陪審制度や裁判員制度
を導入しやすいことがわかる。

33条〜35条は、警察・検察による捜査・捜索・押収・逮捕から、取調べにお
ける身体の拘束が極端な長期にならないように、詳細な規定が置かれている。

36条（公務員による拷問・残虐な刑罰の絶対禁止）は、18条とともに、戦前
の悲劇を繰り返さないための原則規定である。

裁判が公平な裁判所において、むやみに引き延ばしされず（＝**迅速**に）、公

開で行われなければならないこと（37条）、自白のみに基づいて裁判をしてはならず、**黙秘権**が認められなければならないこと（38条）が定められている。

39条は、要するに恣意的に起訴をして刑事処罰をしてはならないということなのだが、地方裁判所⇒高等裁判所⇒最高裁判所と三段階の裁判が１セットになっているので、地方裁判所で無罪であったら検察側が高等裁判所に控訴してはならない、という条文ではない。

40条は、読んで字のごとくで、刑事補償法という法律がある。

⑥義務規定

義務教育規定については先に述べた。日本国憲法では、**明治憲法時代のように兵役の義務**（明治憲法20条）は定められていない。９条からすれば、当然といってもよい。**納税義務**（30条）はもちろん明治憲法時代にもあったし（明治憲法21条）、いわゆる義務教育も、26条のところで述べたように一応整備されていたが、こちらについては明治憲法の規定に明示されていたわけではない。

憲法に義務の規定があることについて、これは国民が権利を認められていることの裏面だという主張があるが、的外れである。国民の権利に対応する義務は国家が負う。憲法は基本的に国民が政府に対してその権力を拘束するために制定するものであるから、**憲法の義務規定は国民の自己拘束**ということになる。納税の義務については、アメリカ独立まで遡って、そもそも納税は政府に自分たちの代表を送り、政治を民主的に決定することとセットなので、納税者の権利という考え方が必要だという主張もなされてきている〔北野弘久『納税者の権利』（岩波書店、1981年）〕。

以上、人権にかかわる条文は性質の異なる多くの条文があるため、少しばかり難しかったかもしれない。ここからは政治の仕組み、裁判の仕組みにかかわる条文にはいることになる。

６．統治の仕組み

内閣総理大臣の指名と最高裁判所長官の指名は、任命権者が別にいる。憲法６条の条文を読み返してみよう。統治に関する条文は、これまで見てきた条文に比べると、技術的というか、読んでわからないという条文はそんなに多くない。統治機構と呼ばれるもののうち、なじみがあるのは国会と内閣。それぞれ

の規定は、国会と内閣の関係を定めている規定を除けば、非常に理解しやすい。

(1) 国　会（第4章：41条―64条）

41条から48条は国会に関する原則である。「最高機関」（41条）、「全国民の代表」（43条）のようにちょっとわかりにくい言葉もある。44条は14条の規定と似ているが、教育、財産、収入という語句が付け加えられている（いわゆる「制限選挙」を禁ずるため）。「最高機関」という言葉は憲法制定時におけるソビエト共和国連邦の語句が用いられている。アメリカ合衆国憲法に影響を受けて定められている81条の裁判所による違憲審査制と矛盾しているように見える。（尊属、つまり自分の親や祖母祖父等を殺害した場合に、そうでない殺人よりも重い処罰を科していた刑法旧200条について、憲法違反の判決が下されて（尊属殺重罰規定違憲判決・先述）から20年以上規定が削除されなかったことが象徴的である）。

49条から51条までの三つの条文が国会議員の特権であるといわれる。ただ49条の歳費を国庫から受けるというのを「特権」というのは、通常の用語法からは違和感がある。50条は不逮捕特権、51条は免責特権という。なお条文をよく読めば気がつくが、絶対に責任が問われないというわけではない。

52条から54条には、国会の会期、衆議院解散の時の手続、そして参議院の緊急集会について規定されている。「召集」であって「招集」でないのは、形式的には国事行為として天皇が国会「召集」を行うためである。7条の条文を読み返してみよう。

議員資格を争うことは、一般の民間会社で雇用を争うこととは異なり政治的な要素が入るので、55条のような規定（議員資格の争訟は司法ではなく衆参それぞれの議院が裁判する）が置かれているのである。56条から58条までは、議事進行についての手続き規定である。ここまで詳細に憲法典で定めるのは、結構珍しく、法律や、議院規則（58条の「その会議その他の手続及び内部の規律に関する規則」）で定める国もある［たとえばイギリスは、ほとんどがConvention（日本語にしづらいがConstitutional Conventionともいわれるので憲法習律と訳されることが多い）慣習法または法律によって定められてい

第 1 講　導入講義―日本国憲法を読む

る〕。

　59条は、**法律の制定手続**の大原則である。

　両院協議会については、小泉純一郎内閣の時、郵政民営化を問う衆議院解散を、参議院での法案否決を理由に行ったことが、59条の趣旨からして問題であると指摘されたことがある。法律の決定過程について**予算**（60条）と**条約**（61条）についての定めが置かれている。いずれも「**議決**」で**決定する**という点は

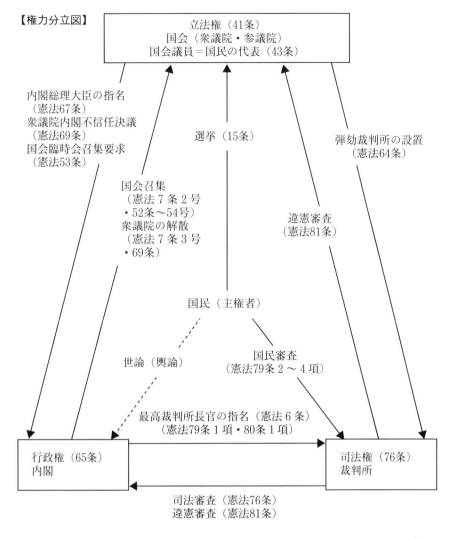

法律と同じなので、どちらが法的効力として強いのか議論がある。実務上の扱いは、予算は法律に拘束され、条約は法律を拘束するという扱いが原則となっているが、条文だけから見るとちょっと不思議な感じもある。

62条は、国会が持つ最高機関性にふさわしいともいわれる国政調査権について定めた規定である。総務省統計局が行う「国勢調査」ではなく、「国政に関する」調査なので、裁判所の権限に属する事項、司法権を侵害するような調査は普通出来ないとされている［芦部信喜『憲法と議会政』（東京大学出版会、1971年）参照］。63条は内閣の責任を追及する国会の側から内閣総理大臣が報告のため議院に出席すべきこと、国会の求めに応じて出席すべきことを定めている規定である。あとで出てくる憲法第72条でも内閣総理大臣の報告を定めているが、この点も議院内閣制の特徴を示している。

64条は裁判官の弾劾裁判所における裁判についての規定である。

国会議員の資格に関する事項は政治的であるからという理由で議会自身が手続きを行うことになっていたが、裁判官については、司法の枠組みで決定するのではなく、政治的な決定であるからという理由で弾劾裁判制度が置かれている。といっても、実際には衆参両議院から選ばれた議員によって、裁判形式で、しかも弾劾裁判が行われる場所も、裁判所としての体裁が整えられていて、形式的には司法裁判とほとんど変わらない。

(2) 内 閣 (第5章：65条—75条)

65条は「行政権は、内閣に属する」という非常にシンプルな規定である。行政権に関する憲法第5章は、明治憲法に比べて内容が豊富になったという意味では人権規定に負けず劣らずの特徴がある。

66条から68条は、内閣の組織、総理大臣の権限を定めている。66条3項は、内閣の国会に対する連帯責任を定めたもので、議院内閣制を憲法が採用していることを示しているといわれる。他方で66条2項にある「文民」という語は*civilian*の訳語で、本来は軍人でない一般人という意味である。しかし憲法9条で戦争を放棄し、軍隊を持たないとしているうえ、憲法に軍隊の存在を想定した規定が一切ないため、「軍人」という語句を規定で用いることが出来なかったため日本国憲法制定時に作られた用語である。（現在では国際的な条約

の訳語にも使われている)。明治憲法時代の内閣は「内閣官制」という法律に基づいた組織であり、総理大臣は同輩中の首席（*primus inter pares*）に過ぎず、指導力を発揮できなかったことに対する反省による。

69条から71条は、**衆議院による内閣不信任**と**内閣による衆議院の解散**、内閣総辞職についての規定である。69条は、実務上は、内閣は、衆議院で不信任の決議案を可決し、又は信任の決議案を否決したときは、10日以内に衆議院を解散しない限り、総辞職をしなければならないという規定と理解されている。しかしそうは書いていないのであって、実際には7条3号に基づき、内閣は衆議院を、民意を問うために解散してきている。解散がどのような理由、どのような根拠に基づいているか、政治学の本や新聞で調べてみよう。

72条は**内閣総理大臣の権限**について定め、73条は**内閣の権限**を定めている。72条には行政権という語は見えず、73条に出てくるのも「他の一般行政事務の他、左の事務を行う」のが内閣であるという。つまり、65条でいう行政権を72条と73条で説明していることになる。アメリカにおける大統領制と比較しつつ、65条の行政権は執政権というべきだとの主張もある。

7条の規定とも対応するが、権限内容の理解という意味で、ここで明治憲法の規定を読むと、憲法第5章の規定が、明治憲法の天皇の権限（大権［Prerogativeの訳語］といわれていた）を内閣の権限に変更したものだということが分かる。さらに憲法55条の規定と対応し**法律・政令の有効要件を規定**しているのが74条である。75条は**内閣の安定性を確保するための規定**で、国会議員の不逮捕特権（50条）、免責特権（51条）と対応している。

(3) 司 法（第6章：76条―82条）

明治憲法においては、司法権は、民事裁判と刑事裁判を行う権限と理解されていた。日本国憲法は**違憲審査制度**（正確に言えば憲法適合性審査制度）を**導入**すると同時に、**全ての事件を憲法や法律に照らして審査する権限を司法権**とし、それが裁判所に属するものとした（76条1項）。2項も同じことを別の立場から定めている。3項は、明治憲法時代も前提されていたといわれるが、違憲審査制度導入に当たってあらためて明言されたものと考えられている。

裁判所の規則制定権に関する77条と裁判官が原則として弾劾によらなければ

罷免されないことを定めた78条の2か条も、司法権と裁判官の独立性を高めるための規定と理解されている（弾劾裁判所の設置に関する64条も読み返してみよう）。

79条と80条は**裁判官の身分保障**それ自体に関する規定である。最高裁判所長官は天皇が内閣の助言と承認を受けて任命する（憲法6条2項）が、それ以外の裁判官は内閣が任命する（79条1項）。79条2項〜4項は国民審査に関する規定。80条1項にある「任期を十年とし」という文言は再任が原則なのかそうでないのかなど実務上も問題がある。

81条は2つのことを定めている。**最高裁判所が終審裁判所であること**（つまり地方裁判所⇒高等裁判所と争われた訴訟を最終的に決定する機関であること）、そして**違憲審査制度を採用している**ことである。一読すると最高裁判所だけが違憲審査権限を持っているようだが、**判例ではすべての裁判所が違憲審査権限を持っており、違憲審査権限を持った裁判所の終審裁判所＝最高裁判所と理解されている。**なお違憲審査権限と一般には言われるが、合憲判断も下すことが出来るわけだから、制度の呼び名としては、**憲法適合性審査権限**というのが適切だろう。

82条は裁判が公開で行われること（1項）、2項がその例外を定めている。「公の秩序又は善良の風俗を害する虞があると決した場合」（82条2項）の範囲についてはしばしば争われる。最も近年ではプライバシーへの配慮の問題、企業秘密にかかわることをどのように扱うかについて一定の合意も形成されている。

（4）財　政（第7章）

憲法では補則に次いで、ある意味最も読まれていない章だろう。

83条〜88条、90条、91条は、乱暴にまとめてしまえば、**財政民主主義**あるいは**租税法律主義**を定めた条文であると言える。

20条に信教の自由とともに政教分離が定めてあった。89条は、これを「公金その他の公の財産」の「支出」や「利用に供」することを制限することで**政教分離を別の視点から定めているものでもある**と考えられている。なお「公の支配」をどう解釈すべきかについては争いがある。

（5）地方自治（第8章：92条―96条）

地方自治の本旨（92条）は、一般には「地方公共団体＝地方自治体の住民の民主主義」つまり住民自治（93条）と、「地方自治体が一定の統治団体であること」つまり団体自治（94条）のことを指していると解されている。95条は、地方自治を明治憲法時代より強化することが目的の規定だったようだが、実際には現在ではほとんど使われていない（1951年が最後の例）。

7．憲法の改正・最高法規性と補則

第9章以降の規定は、憲法の性質理解と歴史的経緯を理解するために重要な意味を持つ。

（1）改　正（第9章：96条）

改正に2段階の手続が必要なことが定められている。（1）国会の発議と、（2）国民投票である。明治憲法では天皇が帝国議会に提案し、帝国議会で、議員数の3分の2以上が出席した議事において出席議員3分の2以上で議決したら改正できたのである。日本国憲法は、（1）総議員の3分の2以上の賛成で国会が発議すると言っているので、その点ですでに明治憲法より改正のハードルが上がっている。そのうえでさらに（2）国民投票で過半数の賛成を得なければならない。こういう改正のハードルが高い成文憲法を硬性憲法と呼ぶことがある（関連する法律に憲法改正の改正手続に関する法律がある）。

（2）最高法規性（第10章：97条―99条）

97条は11条とほとんど同じ内容である。制定過程でいろいろあってここに置かれている（詳細はここでは省略する［憲法制定史に関する各種の研究を参照］）。違う点は、「信託」に言及していること。このことに注目して、日本国憲法はジョン・ロックの思想に影響を受けていると理解されている（ジョン・ロック『統治二論』岩波文庫を参照）。しばしば人権保障を定めていることこそが日本国憲法が最高法規である（98条）ことの根拠だともいわれる。なお99条は憲法がそもそも国家権力を拘束するためのものであることが示されていると解されている。「公務員」という言葉は15条でも用いられているが、99条を

読むとそれは「国務大臣、国会議員、裁判官その他の公務員」のことを指すと考えられる。条文の読み方として「天皇又は摂政」と「…公務員」は別のものと理解されるもので、「天皇又は摂政」は公務員ではない。

(3) 補 則 (11章)

補則は通常憲法の講義などでもあまり解説されない。憲法制定当初にのみ意味を持っていた規定だからである。それでも、是非一度は読んでおこう。

おわりに

以上、とにかく日本国憲法の全ての条文を通読するためのごく簡単な解説をしてきた。第2講以降では憲法にかかわるテーマごとに講じていく。

第1講　導入講義─日本国憲法を読む

確認問題（1）

　憲法の歴史について述べた次の文のうち、正しいものはどれか。一つ選びなさい。

1．立憲主義は、世界で最初に成文の憲法を制定したイギリスで確立した。

2．フランスは、法の支配（rule of law）をフランス革命で樹立し、フランス人権
　　宣言に詳述した。

3．権利の保障のために権力の分立を確立するという立憲主義は、部分的には大日
　　本帝国憲法にも取り入れられたが、確立したのは日本国憲法においてである。

4．形式的に「憲法」という名称が用いられている現代の憲法は、すべて実質的に
　　立憲的意味の憲法と言える。

確認問題（2）

　憲法の意味について述べた次の文のうち、明らかに誤っているものを一つ選びな
さい。

1．憲法17条は、日本におけるもっとも古い立憲的意味の成文憲法である。

2．近代国家における「憲法」は、権力を一つの機関に集中させない仕組みを持っ
　　ている。

3．立憲的意味の憲法は、フランス人権宣言16条に典型的に示されている。

4．「憲法」という言葉は、法的には、英語のconstitutionの訳語であり、実質的に
　　は通常人権保障を確保するためのルールを指す。

研究課題（1）

・日本国憲法の条文を、明治憲法の条文と対比してその違いをまとめてみよ。

21

第2講　国民主権と象徴天皇

1．国民主権とは

（1）基本原理と国民主権

　選挙権を保障する15条は国民主権の現れであると言われるが、条文には、公務員を選定及び罷免する国民固有の権利とある。同条2項以降で選挙の原則が規定されていることとの関係でそのように解釈されている。15条1項の規定は国会議員の国民による選出だけでなく、少なくとも一般論としては内閣構成員も裁判官も国民によって選出されることが期待されているとも解することができる。国民主権という言葉は前文と1条で使われており、その用い方からして、明治憲法において天皇が大権を有していたことが天皇機関説事件以後公的に「天皇に主権があった」と理論的に理解された（教育自体がそのような立場で行われた）ことを否定するものである。すなわち、明治憲法がコントロールしきれなかったことを否定するための、日本国憲法の主要な考え方が「基本原理」なかんずく国民主権と平和主義〔平和主義については**第10講**〕なのである。

（2）「主権」の由来

　主権という言葉は、君主の広範な権限を説明するための概念として登場したもので、主権者の原語であるa sovereignはa supreme rulerとも言い換えられ、**本来は君主のことである**。近代国民国家における実質的な統治に関わる権限が現在の主権という概念の内実であるけれど、ここで国家と政府という言葉に留意しておこう。これらは互換的に使われるが、厳密には異なる。ヨーロッパ大陸法系では「国家」（たとえばドイツ語ではStaat）が、英米法系では「政府」（たとえば英語ではgovernment）が使われる。**国民国家**という言葉は、君主ではなく、**国民が中心となって政府が運営される**ところで用いられる。すなわち、君主が一手に握っていた「統治権」が「主権」から分離したことで、その概念がわかりにくくなっていったのである。

23

（3）主権概念の多様性

　憲法9条や41条の「国権」という言葉、またポツダム宣言8項の「主権」という語の用い方は、国家権力そのもの、すなわち統治権を意味する。他方憲法前文3項にある「自国の主権を維持し」という言葉は、国家権力の最高独立性を意味しており、国際法上の国家主権の意味である。他国からの内政干渉を受けないという対外的独立性、中央政府が地方政府等に権限上優位することを意味する対内的最高性の二つの意味を包含する。けれども憲法を学ぶ上でもっとも大事なのは、国政についての最高・最終決定権を意味する「主権」である。「ここに主権が国民に存することを宣言」する憲法前文1項、1条の「主権の存する国民」というときの「主権」である。三つの意味があるが、最後の「主権」をどう捉えるかが、憲法ではまず問題になる。

（4）多岐に亙っている「国民主権」学説

　ルイ14世が「朕は国家なり」といったように、「君主」の主権は「統一性」をもっていた。上の三つの「主権」概念は、君主国においてはすべて君主が持つ一つの権限であった。明治憲法下で、上杉愼吉と美濃部達吉との間に天皇の地位に関する論争が起きたが、これは天皇が主権者であるとする穂積八束の学説を継いだ上杉愼吉と、日本国家は「法人」であって、天皇はその機関であるとする、ドイツのイエリネックの学説を継受した美濃部達吉との論争においては、上述のような主権の多義性が問題になっていないにも見て取れる。日本国憲法制定直後から、憲法の国民主権は人民主権と解するべきだとの説が有力に主張されてきている。何よりも憲法改正の提唱として、日本国憲法を原則として積極評価しつつ、さらに国民主権の規定は人民主権と変えられるべきだとの主張が存在していた（東京大学の学者らを中心とした憲法研究会による改正案）。こういった主張はフランス人権宣言（正式には1789年にフランス革命の結果制定された「人と市民の権利に関する宣言」）と、その後制定されたフランス憲法及びその解釈学説に基づいている。日本ではフランス人権宣言以来のフランスにおける国民主権に関する論争を参考に、1970年代には、フランス憲法における主権原理に示唆された主権論争が再燃した。この論争は、ルソー、アベ・シェイエス、1789年フランス人権宣言、1791年フランス憲法、1793

第 2 講　国民主権と象徴天皇

年フランス憲法の「国民主権」概念を考察の基礎においた、杉原泰雄と樋口陽一との論争であった。フランス1958年憲法前文で言及されている、1789年 8 月26日フランス人権宣言は、「国民とは、相互に平等な個人のみからなる」という考え方を示し、フランス1791年 9 月 3 日憲法は**国民とは、全国籍保持者の統一団体である**という国民（ナシオンnation）主権を規定したのに対し、フランス1793年 6 月24日憲法（モンタニャール＝ジャコバン憲法）は、国民主権に言う国民とは**有権者の総体である**という人民（プープルpouple）主権を規定した。このような理解から、日本国憲法の定める国民主権理解についての論争が行われた。

　国民主権というのは、論者の望むものを盛り込もうと思えばいくらでも盛り込める、大鉈のようなものであるから、憲法を解釈するための「道具」としては用いるべきではないという主張もある（高見勝利や小嶋和司の見解）。国民主権は憲法を制定するときには、憲法を作る力＝主権として問題となるが、いったん制定された後は、国民主権を具体化する民主主義の諸制度を問題とすれば足りるはずで、現にアメリカ合衆国憲法の解釈において国民主権はまず持ち出されないではないか、という説も一理あるといえよう（松井）。

　しかし上の考え方も、国民主権にいう「主権」を、国民が憲法を作る力＝**憲法制定権力**と解釈している。**憲法制定直後の有力説**は、主権を一種の憲法制定権力としてとらえ「主権」とは**国家の政治のあり方を最終的に決める力または意思（ないし権力または権威）、一つの建前・理念である**として、「国民主権原理の主眼は、主権が国民に属するというよりもむしろ、主権は君主というような特定の人間に属していないということにあるといえる」とした（宮澤俊義）。結局のところ、**国民主権は、一体的国民（全国民）が国家権力の源泉であり、国家権力を民主的に基礎づけ正当化する根拠である**という意味と、さらに、**国民（実際にはそれと同視される積極的国民＝有権者）が国家権力の究極の行使者だ**という意味をあわせ含む。「ただこの同一性ないし自同性の原則は一つの擬制であるから、普通選挙制の趣旨に従って有権者の範囲ができるかぎり拡張され、その多様な意思を国会に公正かつ効果的に反映するような選挙制度が整備されることなど、自同性の原則を、現実に保障する具体的な制度が伴わなければならない」[芦部信喜『憲法学Ⅰ 憲法総論』（有斐閣、1992年）245

25

頁]。やや折衷的なとらえ方が前面に出てはいるが、現在でもこのとらえかたが有力である。

２．憲法改正手続と国民主権

　国民主権のもう一つの典型的な現れは、憲法改正手続における国民投票である。96条は憲法改正について国民投票で過半数の賛成を得ることを要請している。では憲法改正に限界はあるか。日本国憲法の解釈として、法的限界があるということはできるが、実際に成立した改正を無効であると主張することは、実は難しい。従来の**憲法改正限界論**のうち有力であるのは、憲法の条文を、体系性を持って読み取ろうとするならば、**改正規定は他の憲法条文より高度の基本性を持つ規範である**とする考え方に立ちつつ、**憲法制定権力と憲法改正権限の峻別を図る説である**（清宮四郎）。日本国憲法の解釈学説としてはこの考え方が穏当であろう。もちろん、市民が市民生活の実感から運動として反対または賛成することはあり得る。

３．国民主権と矛盾しないか—天皇制

（1）天皇制の歴史と象徴天皇制の意味

　大日本帝国憲法下の外交関係詔書・勲記では「皇帝」の語が用いられていた。西洋の君主号であるEmperorへの対応を配慮したと考えられるが、1936（昭和11）年になってから天皇号に統一された［國史大辞典編集委員会編『國史大辞典第９巻』（吉川弘文館、1988年）］。明治維新後、かなりの手間隙をかけて天皇の由来と天皇が君主であることを一般の人々に教育しなければならなかった。学制発布以降のその方針が、特に軍隊の中で歪な発達をしたのは周知のことである。明治維新のとき、明治天皇はわずか16歳（かぞえで17歳。以下現在の年齢の計算方法に従う）。山県有朋30歳、副島種臣40歳、三条実美31歳、西郷隆盛41歳、後藤象二郎31歳、黒田清隆28歳、大隈重信30歳、井上馨33歳、板垣退助31歳、伊藤博文27歳、大久保利通38歳、木戸孝允35歳、岩倉具視43歳。実際には藩閥政府の人々が全てを決めていたのである。**教育の成果と、天皇にすら意見できる「元老」が次第にいなくなり、当時の他の君主国にあわせて名目的に与えたはずの権限を軍人が利用して暴走してしまった。**

(2) 明治憲法と天皇

　第二次世界大戦以前、明治憲法における天皇は、君主であり元首であった。近代国家以前の「天皇」については歴史学の問題なので、本書では取り上げない。ただ、そう呼ばれた存在が少なくとも7世紀以降存在していたのは確かであり、継続性という点では珍しいと言える。ヨーロッパでは13世紀頃から君主と呼ばれる存在が確かに存在してきた。近代国家になっても君主が存在した国において、その**支配の正統性**を証明しようとした代表的な試みは**ボダン**（Jean Bodin, 1530-1596）や**ホッブズ**（Thomas Hobbes, 1588-1679）によるものであった。日本がまがりなりにも近代国家としての体裁を整えた明治時代には、プロイセンのような君主国も存在しており、実際明治憲法はそういった国の憲法をお手本に作成された。強大な権限を有する前時代的な専制君主ではありえなかったが、それでも君主が強大な権限を発揮する余地が残されていた。

　明治憲法の天皇に関する規定をみてみると、**天皇が統治権者**であるとし（明治憲法1条・4条）、**法的無答責**（明治憲法3条）を定める。この規定は比較憲法的には特に珍しいものではない。統治権者といっても、あくまで「総攬者」（明治憲法4条）、つまり最後の最後に決定する存在であるのは明らかであるが、通常は「帝國議会ノ協贊ヲ以テ立法權」を行使し（明治憲法5条）、法律は天皇にとって「裁可シ其ノ公布及執行ヲ命ス」するものであった（明治憲法6条）。とはいえ、**緊急勅令**（明治憲法8条）、**独立命令**（明治憲法9条）のような**実質的な立法権**を行使できた。実際にはこの内容は内閣が決定していた。**栄典授与**（明治憲法15条）、**大赦特赦減刑及び復権を命ずる権限**（明治憲法16条）を有していたことは、君主が当時普通に行っていた権限を取り入れたものといわれている。

　一番独立性が高い規定になっていたのは司法で、「司法權ハ天皇ノ名ニ於テ法律ニ依リ裁判所」が行うものであった（明治憲法57条）と述べている。行政権については、**美濃部達吉**は行政官庁が天皇からかならずしも独立でなかったことを強調していた。明治憲法が内閣制度を憲法で規定していなかったこといわゆる「行政権」にあたる権限が天皇にあったことが関係している（明治憲法8条-10条、55条、56条）。帝国議会の「召集」、その開会、閉会、停会、お

および衆議院の解散権を有していたことも重要である（明治憲法7条）。また**外交・軍事関係の権限は明確に天皇に与えられていた**（明治憲法11条〜14条）。内閣制度は、1885年内閣官制によってそれまでの**太政官制を廃して内閣総理大臣及び外務・内務・大蔵・陸軍・海軍・司法・文部・農商務・逓信の各大臣を置いた**のが始まりであり、大日本帝国憲法の公布に伴って制度がさらに整えられた。結局天皇が「君主」であり「元首」であったことが複雑な制度と運用を招いたのである。

（3）天皇制は日本国憲法でどう変わったのか—象徴天皇制

　日本国憲法は、1945年8月のポツダム宣言受け入れによって天皇主権から国民主権へと変動する法的な意味での革命を前提として成立したとする「八月革命説」をとる憲法学者の宮澤俊義と、主権は天皇でも国民でもなく「ノモス」にあるという「ノモス主権」論をとる法哲学者の尾高朝雄との間の「主権論争」が行われた。ここでは立ち入らないが、議論は、誰もが納得する形で終結したというわけではなかった。では君主とか元首とかいうとき、それはどういう意味なのだろうか。

　君主についての代表的な考え方は①独任機関で、②統治権の重要な部分、少なくとも行政権の保有、③対外的に国家を代表する資格、④一般国民とはちがった身分を有し、多くの場合に世襲、⑤伝統的ないしカリスマ的な威厳、⑥国の象徴たる役割等だという（宮澤俊義）。もっとも、最近はこのうち④だけが重要で、あとは時代によって変化するのだという考え方もある。そうだとすると今の天皇も君主であるということになる（憲法1条、2条参照）。

　元首は国家を一個の生物にたとえる国家有機体説が、君主を人間の頭になぞらえて説明するために用いたのがそもそもの始まりである。これも現在では「国内的には行政の首長であるとともに、国際的には外国に対して一国を代表する機関」だというのが有力な考え方で、内閣か内閣総理大臣を元首と考える方が自然である（ただし合議体である「内閣」を元首とするのは不自然である）。いずれにせよ、天皇は、明治憲法下においては解釈によって、日本国憲法制定後は憲法それ自体によって、大幅に権限を制約される。

　日本国憲法の規定、とくに6条が**内閣総理大臣の任命**（1項）と**最高裁長官**

の任命（2項）を定め、7条が「内閣の助言と承認」によって「国民のため」に行う「国事行為」として1号から10号まで列挙している規定は、先に見たようにかなりの程度大日本帝国憲法の規定に対応している。そのことに気づかないと、「国民主権」（前文第1項第1文、1条）の日本国憲法が冒頭に「天皇」に関する章をおいている理由が理解できない。あくまで従前の天皇の権限を否定するためにおかれている規定なのである。逆に言えばそこから積極的な内容を引き出す余地はそれほどない、ということになる。「天皇は、日本国の象徴であり日本国民統合の象徴であつて、この地位は、主権の存する日本国民の総意に基く」（憲法1条）という規定は、日本国憲法で規定されている天皇の地位を一言で表現するもので、法的にはほとんど無意味であると理解すべきものと解される（天皇に民事裁判権は及ばないことを意味する、という判例［最判平元（1989）・11・20民集43-10-1160］があるが、学説は大部分反対する）。せいぜい、天皇が政治的にふるまってはならないこと、選挙権・被選挙権が与えられないこと、何よりも主権者ではないこと、を意味するに過ぎない。そのように解することによって国民主権を基本原理とする日本国憲法においても皇室が、少なくとも憲法の規定を前提とする限り矛盾なく存続することを許容することになるはずである。憲法は単に天皇を象徴と規定するだけでなく、「すべて皇室財産は、国に属する。すべて皇室の費用は、予算に計上して国会の議決を経なければならない」（88条）という皇室財産の原則と、「皇室に財産を譲り渡し、又は皇室が、財産を譲り受け、若しくは賜与することは、国会の議決に基かなければならない」（8条）という個別の財産授受行為についても国会の関与を徹底していることは注目に値する。

（4）女性天皇や女系天皇は可能か─皇位継承と立憲主義

　なぜ女性天皇や女系天皇が問題となるのか。男女平等の問題だろうか？

　2024年10月末に国連女子差別撤廃委員会（CEDAW）は皇位継承権を女子に認めないことが男女平等に反すると日本政府に勧告した（この勧告をしたCEDAWは他の君主制国家にはこのような勧告を一切しておらず日本の歴史にも考慮を払っているとは思われず、公平性の観点からも疑問である）が、果たして本質的に一般国民と異なる身分を認められている存在についてこのよう

にいうことは適切であろうか。憲法2条は「皇位は、世襲のものであって、**国会の議決した皇室典範**の定めるところにより、これを継承する」とする。憲法が法律の名称をわざわざ指定している珍しい例、唯一の例であり。明治憲法下では、皇室のこと、特に世襲に関する諸々は帝国議会の議決を経ない皇室典範で定められていた（宮務法と呼ばれ、憲法と同格の法的効力を持つものとされた）。明治22年2月11日、当時のいわゆる「紀元節」（現在の「建国記念日」。明治5年11月15日［旧暦・1872年12月15日］の太政官布告で「紀元節」が定められた）に制定された「皇室典範」は、1条で皇位継承の原則を定めている［大日本国皇位ハ祖宗ノ皇統ニシテ男系ノ男子之ヲ継承ス］。昭和22年法律第3号の「皇室典範」（昭和24年に「宮内府」が「宮内庁」に変えられた他は現在も同じ内容）も、基本的には変わらない（「皇位は、皇統に属する男系の男子が、これを継承する」（1条））。古代においては推古天皇や持統天皇の例を挙げるまでもなく女性が天皇になったことがあるのに、わざわざ「男系の男子」に限るなんて、男女平等に反するではないか。こういう議論をする人は結構いるのだが、そもそも天皇は普通の国民とは全く違った立場にある。繰り返しになるが、そもそも平等に反する地位に、平等に就くというのも論理的とはいえない。

　戦前の皇室典範には「第二章　践祚即位」として「天皇崩スルトキハ皇嗣即チ践祚シ祖宗ノ神器ヲ承ク」（10条）「即位ノ礼及大嘗祭ハ京都ニ於テ之ヲ行フ」（11条）「践祚ノ後元号ヲ建テ一世ノ間ニ再ヒ改メサルコト明治元年ノ定制ニ従フ」（12条）との規定があった。戦後改められた皇室典範もほとんど同趣旨で「天皇が崩じたときは、皇嗣が、直ちに即位する」（4条）「皇位の継承があつたときは、即位の礼を行う」（24条）「天皇が崩じたときは、大喪の礼を行う」（25条）と規定している。日本国憲法は20条でいわゆる「政教分離」を定めているが［**⇒第5講**］、これを原則として徹底するならば、上の24条や25条は問題があるように思われる。政府は象徴天皇制もまた日本の伝統を一定程度受け継ぐものであることを理由に憲法上の問題はないとするが、本当に問題はないのだろうか。

　「立憲主義」の立場からすると、もっと根本的な問題が、現行皇室典範にも存在する。上で引用したように、皇室典範4条は、天皇が崩御（死去するこ

と）したときに、「直ちに」皇嗣が即位すると定める。では「皇嗣」が天皇に
なりたくなかったらどうするのか。皇室典範3条を見てみよう。同条にいう
「重大な事故」がいったい何なのか。これがまさに即位拒否の場合に当たる可
能性があるという説がある［蟻川恒正「立憲主義のゲーム」『ジュリスト特集
憲法改正論議の現在』（2005年5月1-15合併号、No. 1289）74-79頁］。個人
を尊重するという憲法13条に現れている立憲主義の原理に従うならば、上記の
解釈に合理性があることになるが、憲法が1条～8条で特に天皇制を維持して
いることを重視して、そのような解釈をするのは無理がある、とする立場もあ
る。

　以上の検討は、いずれも皇室あるいは「天皇制」を存続させるべきか、とい
う問題に帰着する。民間から皇室入りするのが当然となり、また側室も置かれ
ないのが当然である現在においては、男児が生まれるかどうかは運の問題であ
る。そして皇嗣として皇長子が皇太子になるのが当然視されることは、当人に
とって負担となることも考えられる。一旦皇室や「天皇制」存続を当然視せず
に考えてみよう。天皇陛下は2019年4月30日に退位し、皇太子が2019年5月1
日に即位した（「天皇の退位等に関する皇室典範特例法」及び同法の施行期日
を定める政令参照）。

確認問題（３）

　国民主権と象徴天皇制について述べた次の選択肢のうち明らかに誤っているものを一つ選びなさい

１．国民主権にいう「主権」は、国政についての最高・最終決定権である、というのが一般的な解釈である。

２．憲法前文第３段落（第３項）にある「自国の主権を維持し」という「主権」は国民主権に言う「主権」と同一の意味である。

３．天皇が象徴であると定める憲法１条はすくなくとも天皇が明治憲法に言う意味での君主でも元首でもないことを意味している。

４．象徴である天皇に民事裁判権は及ばないという判例がある。

研究課題（２）

・「天皇が象徴である」とはどういうことか。

第3講　人権の捉え方—総論的なあれこれ

1．基本的人権—概念とその分類

（1）自然法思想と日本における人権の考え方

①人権概念の日本における受容

　人権（human rights）概念は、明治憲法制定時に既に日本でも知られてはいた。しかし、1889年に発布された明治憲法では国民概念すら否定され、「臣民権利義務」が定められるにとどまった。

②人権の歴史

　人権という考え方は、はじめから日本国憲法に規定されているような形で、成立したわけではない。段階を追って発展してきたものである。18世紀までに、イギリスで成立したように、貴族の既得権の王に対する権利（マグナ・カルタ Magna Carta）が「市民」の王に対する権利へと発展した（権利章典 Bill of Rights）。ここまでは、実は「人権」というよりは「特権」に近いものであった。それが更に「市民」の国に対する権利へと発展し（**ヴァージニア州憲法の権利章典、合衆国憲法修正条項、フランス人権宣言**）、「人権」観念が広まることになるのである。さらに19世紀になると、これらに加えて、政治に参加する権利が保障されるようになる（明治憲法も一応この範疇に入る）。そして20世紀に入り、さらに、社会保障の確保を国に要求する権利が意識されるようになったというのである（ワイマール憲法、日本国憲法など）。人権の概念はしだいに拡大されてきたのであり、歴史的視点を現在にどのように生かすかという立場の違いによって、「人権」という言葉の意味のとらえ方が随分と異なる。日本国憲法の解釈学説では、人権は「**自然権**」である、とする強い主張があるが、その意味するところは必ずしも判然としない。11条や97条は、「基本的人権」が、人類多年にわたる努力の成果であること、現在及び将来の国民に「信託」されたものであることを示している。これに対し12条は「この憲法が国民に保障する自由及び権利」は、国民の「不断の努力」によって保持すべきものであって、「公共の福祉のために利用する責任を負う」ものであるとい

33

う。これらを区別する立場から、本来、人権とは、近世の文芸復興・宗教改革によって明らかにされた、理性の必然（Vernunftnotwendigkeit）であって、近代精神における人類の信念である。したがって、人権は他人に受忍その他の義務を課するものではないし、他人の権利を侵害するものでもない。そのようなことには特別の法的根拠が必要で、理性の必然に認められるところではない。このように、「自然権」的なものとして人権をとらえる立場からは、国家による侵害を防ぐという**自由権及び各人が自由であることの必然的な結果である平等（権）のみ**が人権であって、それ以外は、憲法で保障される基本権（にすぎない）というのである（田上穣治）。このような区別は理念的には意味を持つこともあるが、人権は規定に書かれた内容が一つの性質からだけ理解できるようなものではないとの立場から、「人間が人間であることにのみもとづいて当然に、國家や憲法にさきだって、享有すべきもの」（宮澤俊義）というように人権を定義する説が有力である。もともとは人権というのはキリスト教国において成熟してきた観念で、「神」（God）の存在を前提とした「自然法」という考え方に基づいた観念であったが、日本においては、そもそもキリスト教が必ずしも普及しているわけではなく、日本の憲法の内容を考える時にキリスト教を前提にするのも違和感が大きいので、このような定義の仕方をしているのである。以上の検討を踏まえ、本書は、憲法が定める諸権利をさしあたって「基本的人権」＝人権であるととらえた上で、次のように理解しておくことにする。**人権とは、国会の作る法律の力をもってしても侵すことのできない権利で、憲法によって保障されたものである。**したがって、「法律の範囲内で」保障される、というような考え方は成り立たない。すなわち、人権とは、「人間の尊厳」に基づいて認められる、各人の生活上の基本的な利益や要求であって、憲法の保障を受けるものである。

（2）人権の分類とその意義

　従来想定されていなかった、裁判所による法律等の憲法適合性審査を導入した81条の下で、最高裁判所は当初、人権制限的な法律や条例を、「公共の福祉」のために制限できる、といとも簡単に判示していた。このような最高裁判例の傾向をも意識して、様々な分類が提唱されてきている。現在最も有力な、

第3講　人権の捉え方―総論的なあれこれ

且つわかりやすい分類は、次のような分類であろう（芦部信喜）。

①包括的基本権（13条）
②法の下の平等（平等権、14条）
③自由権
　(a) 内面的精神活動の自由（19条・20条・23条）
　(b) 外面的精神活動の自由（21条・20条・23条）
　(c) 経済活動の自由（22条・29条）
　(d) 人身の自由（18条・31条・33条～39条）
④参政権（15条）
⑤国務請求権（受益権）（16条・17条・32条・40条）
⑥社会権（25条～28条）

[出典：芦部信喜『憲法学Ⅱ人権総論』（有斐閣、1994年）81頁]

　この分類は、憲法の人権条項をとりあえず把握するために有用であるが、その分類は相対的なものであることには注意が必要である。
また人権分類の相対性は、いわゆる「知る権利」が、国家に対する一定の作為を請求する権利であるにもかかわらず、国家が、国民の表現行為に干渉しないという国家からの自由を文言上規定する21条から導かれる、とする立場が有力であることを想起すれば、理解できるだろう ［⇒第5講］。

　ここで分類に出てくる自由権等について概観する。

　身体の自由・精神の自由・経済活動の自由といった、「国家から干渉されない」つまり「自由」であるという「権利」が人権の基本である。「自由」はfreedomでもありlibertyでもあって、細かく言うとその違いが問題であるが、さしあたっては気にしないで良い。この中で「**人権**」と「**自由**」が互換的に用いられる権利が**自由権**である。

　社会権は、弱い立場の人たちが、人間らしい生活をするための権利である。国家が金銭的な面で色々な制度を作らなければ保障することができないので、国家による自由、とも言われる。

①公共の福祉

　包括的人権条項（13条）も、12条も「公共の福祉」と人権の関係について規定する。これらの規定に言う「公共の福祉」は、憲法制定当初は、単に「法律ニ依ルニ非サレハ」との文言で、臣民の権利を制限することを許容した明治憲法と同じ意味に読む解釈（**法律の留保説**とでもいうべきか）や、逆に単なる訓示規定であると解する説が有力であった。けれども13条を包括的人権条項と解する場合には、法的意味を見出さざるを得ない。これを整合的に理解するには、人権には個人的なものと、社会公共との関係で保障されるものとがあると考えるべきであろう。つまり、「**個人権**」と、「**公共の福祉実現のための権利**」とがあると考えるのである（佐々木・長谷部）。歴史的には、公共の福祉を、全ての人権に対する**外在的・政策的制約原理**と単に考えるところから、12条は訓示的、13条は全ての人権が持つ**内在的**な制約を示す「公共の福祉」規定であるとの解釈へと変化した。結果、**22条及び29条**にいう「公共の福祉」規定は外在的ないし政策的制約を可能とする趣旨であり、他の規定は、内在的制約のみが許されるとの解釈が主流になる。このような考え方は、表現の自由と経済的自由権の違憲審査に際しての基本的な考え方である**二重の基準論**に繋がることになる。

　二重の基準論とは、表現の自由の意義を強調する立場から、「**表現の自由**」の「**経済的自由**」に対する「**優越的地位**」を主張するものである。経済的自由を欠いても、民主主義過程により是正できる。つまりこれらの権利を制限する法律が制定されたり、あるいはそのような行政実務が行われたりしたとしても、それは国会の討論や、それらに対する国民の批判によって是正される可能性がある。しかし表現の自由そのものが制約されてしまうと、批判そのものが不可能になってしまい、是正の機会は失われる。このように表現の自由と経済的自由とで異なる役割に注目し、裁判所でこれらの権利の制約が問題となる場合の審査基準としての二重の基準論が主張される。

②法の下の平等

　14条は「**法の下の平等**」（equality under law）を規定する。諸外国では「法の前の平等」（equality before law）と言うことが多い。そこに大きな違いを見出す立場もあり得るが、そうはとらない立場の方が有力であるし、日本語と

第3講　人権の捉え方─総論的なあれこれ

してむしろ重要なのは「法」（law）を単なる「法律」と読むべきでない、という視点である。ここでいう「法」はさしあたって「憲法」である、と解し得る。一般には「法の支配」にいう「法」を指す。法律が平等に適用されることだけでなく、法律の内容自体が平等であることを要請するものと考えるのである。平等規定については、極めて多くの判例があるが、大まかに分けて、男女差別の問題と投票価値の平等に関する判例が比較的多い。入門段階でこれを網羅的に理解する必要はないが、概略だけはつかんでおこう。

　１項後段に列挙された人種、信条、性別、社会的身分、門地のうち、問題になりそうなのは「社会的身分」である。国語辞典的な意味は別として、これは社会的評価を伴う、社会で継続的に人が占める地位を指すものと解される。親子関係までここに含める解釈があるが不適切であろう。政治的、経済的または社会的関係における差別の禁止は、あまり文字通りには理解されていない。特に社会的関係における差別禁止は、文字通りに読めば社会生活を送る上での差別の禁止であり、私人間の差別を当然に否定する規定と読む余地はありそうだが、そのような判例は見当たらない。判例及び通説は、ここで列挙されたのはあくまで例示にすぎないというが、人を見下すという要素を伴う差別の指標を見出し、「差別」（discrimination）と「区別」（classification）を見分けるのはそう簡単なことではない（伊藤・尾吹）。日本で最初の違憲判決も14条違反であったが、１項後段を例示列挙と解してのことであった［なお平等の問題として多くの判例がある議員定数不均衡訴訟について⇒**第９講４. (2)**］。現在では削除されているが、かつて刑法には尊属が被害者である場合に刑を加重していた。特に旧刑法200条は尊属殺人を通常の殺人罪（刑法199条）より重く罰していた。情状酌量しても執行猶予がつかなかったのである。日本国憲法施行時点でも削除論があったが、皇室等に対するものと、尊属に対するものとでは意味合いが異なるとされて、維持されていた。しかし、被害者たる実の父が、被告人たる娘に夫婦同然の生活を強い、子まで成し、娘の婚約者を暴行するなどの事情があった事件で、最高裁は旧刑法200条を、**刑が重すぎるという理由で違憲とした**［最大判昭48（1973）・４・４刑集27-3-265（**尊属殺重罰規定違憲判決**）］。この判決は尊属刑の加重に関する規程全てでなく、尊属殺規程のみを、刑の重さのみを理由に違憲としたため、５人の意見を伴う判決となってお

37

り、全面的にその判決が支持されているわけではない。

14条に関する判例は多く、また既に法改正がなされたものも多く網羅的にふれるときりがないので、**非嫡出子とその相続分に関する問題**と、**待婚期間に係る問題**だけ簡単に触れておく。14条1項後段列挙事由による差別は違憲性を推定される。問題は、嫡出である、あるいは嫡出でない、ということを戸籍に記載すること、さらに、嫡出でない子の法定相続分が、嫡出子の2分の1であることであった（改正前の民法900条4号）。憲法14条1項の「人種」という語以下に定められている14条1項後段部分に該当するような行為については、憲法違反である可能性が強く推定されるとの学説が有力である（伊藤・尾吹）。ここで、いま出てきた嫡出子と嫡出でない子［以下、講学上の略語として普通に用いられる「非嫡出子」を用いる］との区別それ自体は、これら後段列挙事由に該当するかどうかは明らかでないが、事実としてそうである、ということと、それを公的な制度として設けられている戸籍に記載することとは、別である。**住民基本台帳法に基づいて作成される住民票にこの区別を記載することについては、違憲の疑いが強い**、との裁判所の判断があり［最判平11（1999）・1・21判時1675-48、東京高判平7・3・22判時1529-29］、1995（平成7）年3月1日からは、**嫡出子であろうと非嫡出子であろうと、いずれも「子」と記載する**ことになっている（総務省の住民基本台帳事務処理要領が変更された。ただし申出がなければ記載はそのまま）。では、戸籍の記載についてはどうだろうか。身分証明に戸籍謄本（戸籍それ自体をそのまま複製したもの・戸籍法10条）あるいは戸籍抄本（戸籍の一部を複製したもの・同条参照）が必要とされることがある。そのような場合に、非嫡出子であるとの記載は必要だろうか。

民法が規定している、相続分の区分については、最高裁判所においては従来、結論的には憲法14条に違反しないとの判決がでていたが、それぞれ対立する反対意見が付されていた。**2013年9月4日、最高裁大法廷で、非嫡出子の法定相続分を嫡出子の半分とする民法の規定を憲法違反とする判決が下された。**判決は2001年7月当時には違憲状態であったという。子どもの権利条約や、ドイツ・フランスなどの立法にも言及するなど画期的である。ただし、既に決着済みの他の相続には本判決の効力が及ばないとの判示には異論もあろう。この

点の「意見」が付されているが、判決自体は全員一致である。

　婚姻（法律上は結婚ではなく婚姻という言い方をする）をしようとする場合、①夫婦が称する氏、②その他法務省令で定める事項を届書に記載して届け出なければならない（戸籍法74条）。民法自体に、戸籍法への言及がある（民法739条〜741条）。さて、民法はかつて「女は、前婚の解消又は取消しの日から6箇月を経過した後でなければ、再婚をすることができない」（削除前の733条1項）と規定していた。しかし、男性については何の規定もなかったので、女性だけが離婚後に半年もの間、再婚できなかった。判例は同条を父性の推定の重複を回避し、父子関係をめぐる紛争を未然に防ぐことにあるから、合理的な区別であって憲法14条に反しないとしてきた。しかし現代の医学の進展によって、父子関係は容易に推定できるようになっているのであるし、女性にこのようなことを強制するのであれば、男性にも同じ制限をかけるのでなければやはり不合理であろう。なお2015年には同規定の100日を超える部分の再婚禁止期間を違憲とする判決が下された［最大判平27（2015年12月16日　民集69-8-2427）］（関連して、住民基本台帳法20条）。2024年4月には規定そのものが削除されるに至った。

③私人間効力論

　憲法は国家権力を拘束する法であることは既に触れた。では私人間の行為、例えば契約などには憲法は全く関係ないのであろうか？　憲法は、本来国家権力を制限することによって国家による個人に対する人権侵害を防ぐためのものである。この理屈を素直に拡張すれば、私人間の問題である借家契約について、憲法問題を生ずるのか？という疑問は生じる。しかし、憲法に基づいて設置され、憲法に拘束されているはずの議会の作成する「法律」が、人権侵害を容認するものと考えるのも、おかしなことである。つまり、民事問題ではあるけれども、憲法とまったく無関係であるとも言い切れない、ということである。一般には、このような問題については、民法1条、民法90条や709条を活用すべきであると考えられている。

　民事問題であるということは、私的自治の原則が妥当するということである。例えば契約書は、民法の条文のうち、危険負担の規定について、不都合な部分を別段の定めをすることが慣行になっている。このように、当事者が納得

すれば、法律と異なる合意をすることが可能であることが私的自治ということである。しかし、当事者の合意にも、限界がある。

憲法との関係を考慮するというのは、憲法が「私人間に効力を持つ」かどうかという問題である。直接に効力があるというのでは、たとえ企業であっても、国家と同様の義務を負うことになってしまい、不都合が生じる。そこで、**判例は、間接効力説（私人間効力説）**といわれる考え方を採用している。この考え方を表明したとされる代表的な判決が、**三菱樹脂事件判決**である。民法90条にいう「公序良俗違反」は、憲法上の権利侵害を含む、あるいは、憲法上の権利侵害と同視できるような権利侵害を許さない、という意味合いを含む、と解釈できるということである。したがって外国人の権利を侵害するような民間での法律行為（契約など、法的効果を生じる行為を指す）も、憲法の趣旨を反映して、無効と解すべきである、ということになるのである。また、契約の進め方それ自体について、民法1条、特に民法1条2項（信義則）および民法1条3項（権利濫用の禁止）が重要であり、それらを包摂するかのように民法1条1項に「公共の福祉に適合しなければならない」旨が規定してあることは、重要な意味を持つ。すなわち、電話や電子メールでのやり取りでは契約を進めるかのような態度を示しながら、実際に顔を合せた際に、その人の人種や外見を理由として契約を交わすことそれ自体を拒否するような場合がこれにあたる。このような場合には、憲法14条が関係することになる。契約が進行しつつあったとまでいえない場合には、民法709条にいう「権利」侵害には、憲法上の権利の侵害を含む、あるいは、憲法上の権利侵害と同視できるような権利侵害を根拠としての損害賠償を用いることになろう。つまり、契約のような法律行為、あるいはそれと同視できるような段階にいたっていない場合は、事実行為（たとえばマンションやアパートの入居拒否をはじめから強調しているような場合も含まれる）を故意に行った場合に当たるということになる。適用範囲は個別的に判断するしかないが、重要な視点であろう。私人間効力については近年多くの研究があり興味深い著書も多いが、ここでは立ち入らない。

2. 人権の享有主体

人権が「人」の権利であって「国民」の権利ではない以上、人権の享有主体

第 3 講 人権の捉え方―総論的なあれこれ

が問題となる。ここでは、人権の享有主体について、判例の見解を中心に、簡単に整理しておこう。

(1) 外国人の権利

「臣民の権利」であった明治憲法下においては、ほとんど論じられることがなかったのが、外国人の人権である。多くの植民地を獲得し植民地の人民を「外地」の「日本臣民」と扱ってきた日本は、日本国憲法施行時に日本国外に出たことがない外国人を生みだし、その権利保障が課題となった。高度経済成長の時期を経て日本国内には多くの外国人が滞在することになる。第 3 章の表題から、外国人に権利を保障しないでよいという帰結は当然とは言い難い（**実務はそう考えている**ようであるが）。憲法の文言を軽視して良いわけではない。最高裁判所の判例では一応建前では**権利の性質上許される限り人権保障は外国人にも及ぶ**［マクリーン事件最高裁判決・最大判昭53（1978）・10・4 民集32- 7 -1223］。ただしその判例は、外国人の人権保障は、外国人の在留制度の枠内で与えられるに過ぎないと述べている。これは、有権解釈の本質を示しているといえる。**参政権**は外国人には保障されないのが当然と解されてきたが、永住者等であって地域に定着しているような外国人には、法律で地方自治体における選挙権を付与しても違憲ではない、との最高裁判決がある［最三小判平 7 （1995）・ 2 ・28民集49- 2 -639］。ただし地方自治体（東京都）の管理職試験の受験資格につき外国人を日本人と同じに扱わなくとも、その運用の実態に鑑みれば合理的な区別であって憲法14条 1 項には反しない［最大判平17（2005）・ 1 ・26民集59- 1 -128］。**社会権**は、従来国籍国によって保障されるものだったが、法律によって外国人に社会権の保障を及ぼすことに憲法上の支障はない。1981年には、社会権規約及び難民条約の批准を契機として社会保障関係の国籍要件が撤廃された。**入国の自由**は、憲法で統制されるものではなく、国際慣習法上、外国人に保障されないのは当然である［最大判昭32（1957）・6 ・19刑集11- 6 -1663］。またその当然の帰結として、在留の権利も憲法上保障されていない［最大判昭53（1978）・10・ 4 民集32- 7 -1223］。ただし22条が保障する居住移転の自由が外国人に否定される理由はなく、正規の手続で入国を許可された者が、濫りにその在留資格を奪われることは許されない。最高裁

が外国人に22条 2 項を根拠に外国人に出国の自由を認めたことがある［最大判昭32（1957）・12・25刑集11-14-3377］が、入国の自由について国際慣習法の統制を認めるのであれば、**出国の自由**についても、国際慣習法上、国家はそれをそもそも制限し得ない、としなければ首尾一貫しない。出国の自由の判決とは論理が一貫しないが、**森川キャサリーン事件**において、最高裁は、入国の自由と在留権が否認されている判例に照らせば、外国人には憲法上外国へ一時旅行する自由を保障されているものではなく、再入国の自由も保障されないとした［最一小判平 4 （1992）・11・16裁集民事166-575］。ただし**特別永住者**（平和条約国籍離脱者等入管特例法の定める特別永住者のこと）は、再入国が認められている（近時の出入国管理及び難民認定法改正も参照）。

(2)「法人」の権利

　法人は、普通の人（法律用語で「自然人」）以外で、法律上の行為能力が与えられているものである。表題で法人を鉤括弧でくくったのは、本来、**団体の権利**とすべきと解されるからである。**八幡製鉄所事件**では、政治的行為の自由（政治献金をする自由）を広く認めている［最大判昭45（1970）・ 6 ・24民集24- 6 -625］。この判決には批判が強く、実際、政治献金は現在かなり規制されている（**政治資金規正法**参照）のであって、この判決が実効性を持つものであれば、現行法は違憲ということになりそうであるが、そのような主張は存在しない。強制加入団体である税理士会が政治献金目的で会員から特別会費を徴収したことに関する**南九州税理士会事件**で、最高裁は、「公的な性格を有する税理士会が、このような事柄を多数決原理によって団体の意思として決定し、構成員にその協力を義務づけることはできないというべきであ」ると判示している［最三小判平 8 （1996）・ 3 ・19民集50- 3 -615］。ただし、阪神淡路大震災復興支援のための拠出金を兵庫県司法書士会に対して支出した群馬司法書士会について、その構成員が、拠出金のため登記申請 1 件あたり50円の復興支援特別負担金徴収を行うことを決議したことに異議を唱えた事件（**群馬司法書士会事件**）では、会員に社会通念上過大な負担を課するものではないのであるから、本件負担金の徴収について、公序良俗に反するなど会員の協力義務を否定すべき特段の事情があるとはみとめられないとの判決［最一小判平14（2002）・

４・25判時1785-31〕もあり、目的の如何によって判断が分かれているようにも見える。いずれにせよ、憲法上の権利には集会結社の自由（21条１項）や労働者の団結権（28条）のように**団体または集団で行使されることが通常の権利もあること**、民族団体のような**マイノリティ・グループ**が、法人格を持つ団体を結成しているか否かでその**保護の程度に差がつくのは問題がある**ことなどを考慮してこの問題を考える必要がある。

（3）未成年者の権利

　未成年者の権利問題は、通常「子どもの権利」という呼称で検討される。「子ども」も「人間」である以上、わざわざ別異に取り扱うのはおかしいようにも思われる。しかし子どもが「大人」によって保護される存在である以上、子どもの保護のためにその権利が一定程度制限されることは経験則上否定しがたい。基本的には「子どものための制限」のみが許され、大人の都合による恣意的な制約は許されない。しかしこれだけでは不十分で、**人格的未成熟による不利益を被らないよう必要最小限度の制約のみが許される**と解すべきであろう。これを**パターナリスティックな制約**ということがあるが、そのようにいうだけでは必ずしも制約の必要最小限性は導かれない。憲法自体が参政権を「成年者」にのみ保障し（15条３項、公職選挙法９条及び10条）、また民法において行為能力が制限されていること（民法４条・６条）は、未成年者が身心ともに未発達であることがその理由とされる（もちろん、現在未成年者とされている者へ参政権を拡張することが違憲であるわけではない）。他方で憲法上、「児童」の酷使は禁止され（27条３項）、学習権が保障されている（26条１項）し、地方公共団体の条例（一般に青少年保護育成条例という名称である）によって保護されると同時に、表現の自由などが制約される。「児童の権利条約」は公定訳に反して18歳未満の全ての子どもが対象であって、その内容は注目に値する（Convention on the Rights of the Child は「子どもの権利条約」と訳す方が内容に即していると解される）。

（4）天皇及び皇族の「人権」

　天皇も、また即位の可能性がある皇族も、憲法自体が平等な国民の例外とし

ての身分を規定しているのであって、たしかに「人間」には違いないが、普通の国民と同様な意味での「人権」をそもそも語り得るのかという疑問が生じる。基本的な身分関係や成年については皇室典範に規定され、国籍法の直接の適用は受けず、その身分は皇統譜に記録される。主権者国民に含まれないことからの権利制限は多岐にわたる。政治的行為、参政権はもとより、信教の自由、婚姻の自由も否定される。学問研究の自由も制限される。これらを人権享有主体に対する制限として正当化することはかなり難しい。皇室典範は、皇族が一般国民になる可能性を残しておくことで、**立憲主義**との関係での、危ういバランスを保っていると考えられる〔⇒**第2講**3.(4)〕。

第3講　人権の捉え方─総論的なあれこれ

確認問題（４）

人権の享有主体について述べた次の文のうち、**明らかな誤りを一つ選びなさい。**

1.「法人」であれば、判例によれば当然に政治献金をする権利を憲法上持っているように思われるが、政治資金規正法はそうなっていない。

2.「外国人」は、すくなくとも1970年代までは、社会権を憲法上保障されるとは必ずしも考えられていなかった。

3.「子ども」については、パターナリスティックな制約は憲法上許される場合がある。

4．天皇や皇族については、人権の享有主体ではないというのが判例である。

確認問題（５）

「公共の福祉」について述べた次の文のうち、**判例通説に照らして正しいものを一つ選びなさい。**

1.「公共の福祉」に当てはまるという論証は、原則として内閣の政令による具体化で十分である。したがって、「公共の福祉」は法律で内実が定められる必要はない。

2.「公共の福祉」概念は、内容的には、明治憲法自体の「法律の留保」と同じである。

3.「公共の福祉」による人権の制限は、原則として人権同士が衝突する場合の調整原理である。したがって、外在的制約が許されるのは、憲法上根拠のある例外的場合になる。

4．憲法22条や29条に規定されている「公共の福祉」にはさしたる意味はない。

45

第4講　人身の自由─刑事裁判と人権

　日本国憲法は、他の国では普通、刑事訴訟法で規定されるような内容について、31条から40条でかなり丁寧に規定している。これはなぜだろうか。

　本来人身の自由は、イギリスのマグナ・カルタ（Magna Carta）にまでさかのぼり得る伝統的な人権である。マグナ・カルタは1215年、1216年、1217年、1225年の版があって、イギリス国内で引用言及されるのは、ヘンリー3世治世下の1225年版である。そして現在まで何度も再確認されており、1297年に確認されたものが引用される（1297 Chapter 9 25 Edw I cc 1 9 29）。イギリスの例にみられるように人権に関する規定は、新しければよいというものでもないし、条文がありさえすればよいというものでもない。実際に救済が行われているかどうか。それこそが一番の問題なのである。

1．罪刑法定主義と適正手続

（1）日本の歴史

　とくに「太平洋戦争」期の多岐にわたる人身の自由に対する侵害は、中学の歴史、高校の日本史の授業で聞いたことがあるはずである。なによりも問題なのは、通称「特高」と呼ばれた「特別高等警察」の存在であった。特高は、1910年に起きた大逆事件の翌年、警視庁内に「特別高等警察課」として設置されたのが始まりである。治安維持法は、1925（大正14）年法律第46号が当初のものであるが、1928（昭和3）年勅令第129号によって改正された。「國體ヲ変革スルコトヲ目的トシテ結社ヲ組織シタル者又ハ結社ノ役員其ノ他指導者タル任務ニ従事シタル者ハ死刑又ハ無期若ハ五年以上ノ禁錮ニ処シ情ヲ知リテ結社ニ加入シタル者又ハ結社ノ目的遂行ノ爲ニスル行爲ヲ爲シタル者ハ二年以上ノ有期ノ懲役又ハ禁錮ニ処ス」（1条1項）。さらに2項が加えられ、「私有財産制度ヲ否認スルコトヲ目的トシテ結社ヲ組織シタル者、結社ニ加入シタル者又ハ結社ノ目的遂行ノ爲ニスル行爲ヲ爲シタル者ハ十年以下ノ懲役又ハ禁錮ニ処ス」こととされたのである。國體＝国体の変革というのは、天皇を中心とする日本の政治的伝統を暴力的な仕方で変更しようとすること、といった意味でと

47

らえておけばよい。ではなぜ、**私有財産制度の否認がセット**になっているのであろうか。これは、**共産主義が「国体」を破壊するものと理解された**ためだと言われる。ともあれ、こういった法律の執行に関わった「特高」は、まともな刑事手続を経て処断するなどということとは無縁で、多くの犠牲者が出た。日本国憲法36条が「公務員による拷問及び残虐な刑罰は、絶対にこれを禁ずる」と規定しているのは、こういった事情を反映したものと考えられる。明治憲法にも罪刑法定主義は規定されていた（明治憲法23条）。また明治憲法25条の規定は手続面への一定の配慮もしていた。しかし肝心の法律の内容自体に対するチェックはあくまで帝国議会自身が最終的なものであった。しかも、「天皇ハ公共ノ安全ヲ保持シ又ハ其ノ災厄ヲ避クル爲緊急ノ必要ニ由リ帝國議會閉會ノ場合ニ於テ法律ニ代ルヘキ勅令ヲ發ス」（明治憲法8条）ることもできたし、「樞密顧問ハ樞密院官制ノ定ムル所ニ依リ天皇ノ諮詢ニ應ヘ重要ノ國務ヲ審議ス」（明治憲法56条）という規定があり、議会以外も法律内容に口を出すことができた、国民から選ばれるという基盤のない機関が憲法自体に定められていた。このような事情も手伝って、1で述べた特高が横暴な手段で取調べをし、被疑者（というほど明確ではなく、単なる決め付けで連行し、挙句の果てに死亡させたことすらある）の権利が大きく侵害されていた。刑法の条文は、天皇制と戦時の犯罪についての規定を除けば、それほど現在と大きく異なっていたわけではないが、裁判手続に乗らないのであるから、仮にも存在していた刑事訴訟法も、ほとんど意味を持たなかった。

（2）現在の国内法と刑事訴訟法
①罪刑法定主義

憲法31条の規定は、まず**罪刑法定主義**を意味するものとされる。伝統的な法諺、**法律なければ犯罪なし、法律なければ刑罰なし**（*nullum crimen sine lege, nulla poena sine lege*）が端的にその内容を示している。明治憲法時代にも規定されていたが、（1）で述べたように実際に多くの弊害があったために、第二次世界大戦後、刑法の条文自体もいくつか削除され、刑事訴訟法は大幅な改正がなされた。何よりも憲法が、国民の代表機関が制定する法律が基本であり（41条）、その法律の憲法適合性を最終的に最高裁判所がチェックする

第 4 講　人身の自由―刑事裁判と人権

（81条）という形になったのが非常に大きい意味を持つ。そして、人権に関する条文のうち、31条〜40条という、実に人権条項の 4 分の 1 が刑事訴訟に関連する規定になったのである。

　政令（ここでいう政令は、内閣が制定する政令だけでなく、省が制定する省令も（また海上保安庁のみが制定することを許されている庁令も）含む、講学上の「命令」を意味する）との関係については、憲法73条 6 号で「政令には、特にその法律の委任がある場合を除いては、罰則を設けることができない」と規定している。国民の代表機関というわけではない、行政機関の罰則制定権を前提としているこの規定は、罪刑法定主義の観点からは、どのように理解すべきものであろうか。憲法73条 6 号自体が、政令が罰則を設けることができるのは「法律の委任がある場合」に限られるとしているのだから問題はない、ということができる。ただし、法律の委任がありさえすればどんな罰則も設けられる、という意味ではないのは当然である。

　国家公務員の政治的行為に関して、旧郵政省職員の政治的行為が問題となった**猿払事件**では、第 1 審及び第 2 審は違憲判断を下した［第 1 審は、郵便職員のような「機械的労務に携わる現業の国家公務員」が、勤務時間外に、職務を利用することなく行った行為（自己の支持する政党の候補者のポスターを貼る行為）に対して刑事罰を適用することは必要最小限度の規制ではない（LRA［least restrictive alternative］の基準違反）と判示した］。しかし、最高裁判所は、国公法の制約は「合理的で必要やむをえない限度を超え」ないとした［最大判昭49（1974）・11・628- 9 -393］。猿払事件では、つまり**委任立法の限界**が問題となっている。本件で問題となったのは、国家公務員の政治的行為禁止に関する国家公務員法〔以下「国公法」〕102条及びその違反を罰する同法110条 1 項19号［国公法110条 1 項19号は、［国家公務員法］「第102条第 1 項に規定する政治的行為の制限に違反した者」に対して「 3 年以下の懲役又は100万円以下の罰金に処する」と規定する（2025年 6 月 1 日より「懲役」は「拘禁刑」に改正）］である。同条同項の規定を具体化する「委任立法」が、人事院規則14- 7 である。「政治的行為」の具体的実質内容は、全て「委任」されているわけで、その「限界」が問題となる。人事院規則は、猿払事件後に改正されている

49

本的な規定は変化がない。「……職員の政治的行為は、第6項第16号に定めるものを除いては、職員が勤務時間外において行う場合においても、適用される」とある。勤務時間外にも一切の政治活動を禁じられるとしか読めない。すると公務員には投票の権利以外には政治的な行為は一切できないことになる。これは、委任立法である行政権が制定する「規則」が規制し得る範囲を超えている。

　条例についてはどうだろうか。憲法94条の規定と、地方自治法14条3項が問題である。地方公共団体の条例にも刑罰を設けることができるとされているのであるが、これは憲法94条の趣旨に含まれていると見るべきであろうか。この点最高裁は、**大阪市売春取締条例事件判決**において、憲法31条はかならずしも刑罰がすべて法律そのもので定められなければならないとするものでないとしながら法律の授権も求める。「条例は、……公選の議員をもつて組織する地方公共団体の議会の議決を経て制定される自治立法であつて、……国民の公選した議員をもつて組織する国会の議決を経て制定される法律に類するものであるから、条例によつて刑罰を定める場合には、法律の授権が相当な程度に具体的であり、限定されておればたりると解するのが正当である」［最大判昭37（1962）・5・30刑集16-5-577］と判示している。さらに、**徳島市公安条例事件判決**は、条例を含む制定法が「明確性」を持っているかどうかは程度問題であり、「通常の判断能力を有する一般人の理解において、具体的場合に当該行為がその適用を受けるものかどうかの判断を可能ならしめるような基準が読み取れるかどうか」で憲法31条違反になるかが決まるという［最大判昭50（1975）・9・10刑集29-8-489］。

　もっとも、これだけでは不十分で、条例自体の言葉が本当に明確かどうかは、個別具体的に検討しなければならない。この点、**福岡県青少年保護育成条例事件**において、「淫行」という語を過度に敷衍して解釈して合憲判断をしているが［最大判昭60（1985）・10・23刑集39-6-413］としているのは、問題である。実際、3人の裁判官が、同じ判決で、こういった解釈には無理があるとの意見を述べている。

第4講　人身の自由―刑事裁判と人権

②被告人に対する告知（notice）・聴聞（hearing）の機会の保障と刑事手続に関する人権規定

　憲法31条は上述のように罪刑法定主義の根拠とも言われるが、罪刑法定主義は、国民代表機関である（憲法43条）国会が、唯一の立法機関である（41条）とされていることから、憲法が当然に要請している。刑事裁判における手続が遵守されなかったことが、特に戦時における重大な人権侵害を招いたとの考えから、手続に重点を置いて、日本国憲法の規定が充実したものになったと考えられるのである（**法定手続（適正手続）の保障**）。

　憲法32条が「何人も、裁判所において裁判を受ける権利を奪はれない」と規定しているのは、「日本臣民ハ法律ニ定メタル裁判官ノ裁判ヲ受クルノ権ヲ奪ハルヽコトナシ」（明治憲法24条）と同じようで、実は意味合いが異なる。憲法32条は、31条から40条の刑事手続に関する人権条項に含まれているのだから、刑事裁判を指すのだとの解釈もあるが、むしろ広く「**裁判を受ける権利**」を保障するもので、民事訴訟の根拠をここに見出す見解が有力である。これは、37条1項の規定の対比で理解できる。

　現行犯逮捕を除いては、裁判所の裁判官が発する令状がなければ逮捕されない（33条）。33条の「司法官憲」というのは、裁判所の**裁判官**が発するという意味である。さらに、家宅捜索や、所持書類・所持品の捜索・押収についても令状が必要である（35条）（**令状主義**）。短期間の身体の拘束が**抑留**で、比較的長期にわたる身体の拘束が**拘禁**である。刑罰の執行としてのものに限られず、取調べについても該当する。34条の規定は、取調べ段階でも人身の自由を確保すべきであるとの立場からである。

　刑事被告人は、「公平な裁判所の**迅速な**公開裁判を受ける権利」（37条1項）がある（**高田事件**［最大判昭47（1972）・12・20刑集26-10-631］では被告人に原因がない訴訟遅延は免訴判決を下されるべきだとされた）。証人審問権（37条2項）と**弁護人依頼権**及び**国選弁護人制度**（37条3項）も要請しているのである。そして、捜査段階から裁判所での刑事訴訟のいずれにおいても「自己に不利益な供述を強要されない」（38条1項）。この**黙秘権**の規定は、歴史的由来もあるであろうが、「強制、拷問若しくは脅迫による自白又は不当に長く抑留若しくは拘禁された後の自白は、これを証拠とすることができない」（38条

51

2項）こと、「何人も、自己に不利益な唯一の証拠が本人の自白である場合には、有罪とされ、又は刑罰を科せられない」（38条3項）ことを念入りに規定している。さらに、憲法は、いわゆる**遡及処罰の禁止**（39条前段の規定）と、一事不再理（39条後段の規定）についても定めている。40条の規定は、**無罪判決を受けた者は、何もしていないのに国家権力による被害を受けた**と言えるのであるから、**補償**がなされるのである。40条を受けて、「**刑事補償法**」[昭和25（1950）・1・1法1]が制定されている。なお刑事補償について、少年犯罪については例外とする判例がある[最三小決平3（1991）・3・29刑集45-3-158]。

　行政庁の許認可手続などは、一般国民の権利義務に重大な関わりがあって、31条以下の規定の対象外と考えるのもおかしいのではないかと考えられよう。この点、成田新法訴訟で、最高裁は、「31条の定める法定手続の保障は、それが刑事手続ではないとの理由のみで、そのすべてが当然に同条による保障の枠外にあると判断することは相当ではない」としながらも「常に必ずそのような機会を与えることを必要とするものではないと解するのが相当である」[最大判平4（1992）・7・1民集46-5-437]と判示している。現在では**行政手続法**が制定されている。学説には、行政手続は、論理的には13条の問題として考えるべきだとの立場もある。

2．具体例で考える罪刑法定主義と適正手続

（1）一斉自動車検問

　速度違反や飲酒運転者の検挙のため自動車検問を行っているところを目撃したことや、あるいは現に自動車を運転していて検問にあったことがあるであろう。この法的根拠は何であろうか。ここで刑事訴訟法には犯罪捜査のための検問を認める規定がある（197条1項）。この点、一斉自動車検問は必ずしもこれに該当しないようであるが、どう考えるべきであろうか。

　個人に対する職務質問ができる（警察官職務執行法2条1項、以下「警職法」）のであれば、少なくとも警職法2条1項に該当する車の運転手に対しては、検問が正当化されそうである。しかし、一見しただけではまったくそのようなことがわからない車に対してまで、一斉に検問をすることが、本条から引

き出せると言えるか。**判例**は、「自動車の運転者は、公道において自動車を利用することを許されていることに伴う当然の負担として、合理的に必要な限度で行われる交通の取締に協力すべきものであること、その他現時における交通違反、交通事故の状況などをも考慮すると、警察官が、交通取締の一環として交通違反の多発する地域等の適当な場所において、交通違反の予防、検挙のための自動車検問を実施し、同所を通過する自動車に対して走行の外観上の不審な点の有無にかかわりなく短時分の停止を求めて、運転者などに対し必要な事項についての質問などをすることは、それが相手方の任意の協力を求める形で行われ、自動車の利用者の自由を不当に制約することにならない方法、態様で行われる限り、適法なものと解すべきである。」［最三小判昭55（1980）・9・22刑集34-5-272］と述べている。これに対しては、そもそも警察法というのは、警察官に対して権限を付与したものではなく、警察組織がいかなる権限を持つ組織であるかを定めた法律なのだから、警察官の権限行使の根拠にはならないという批判がある。さて、どのように考えるべきだろうか。近時の危険運転致死傷罪をめぐる状況についても調べてみよう。

（2）裁判員制度を考える
①日本の陪審制

　1923（大正12）年に制定され、1928（昭和3）年に施行された陪審法は、かなり本格的な陪審制度を定めていた。明治憲法下でもわずかな期間とはいえ行われていた。大逆事件に関わった専門家らによって制定された陪審法は「陪審法ノ停止ニ関スル法律」によって1933（昭和18）年に執行が停止され、1946（昭和21）年に改めて執行停止されている。あくまで戦争の最中で陪審制度を行いにくくなってしまったことが原因である。本来、日本国憲法施行後速やかに再施行されるべきものであったとの意見もある［佐伯千仞『陪審裁判の復活』（第一法規出版、1996年）］。

　もっとも、陪審制度自体に欠陥がなかったわけではなく、裁判官によって、陪審の評決が不適切であると考えれば陪審の更新を行うことができた（陪審法95条）し、いったん陪審を選択した場合、控訴ができなかった（陪審法101条）。さらに、有罪判決が出た場合には、陪審にかかった費用（「陪審員ノ呼出

ニ要スル費用」（陪審法106条１号）と「陪審員ニ給与スヘキ旅費、日当及止宿料」（同条２号））の「全部又ハ一部ヲ被告人ノ負担トス」（陪審法107条）との規定があるなど、問題もあったため、陪審を選択した場合は必ずしも多くはなかった。それでも無罪率が非常に高かったことなどから、陪審法を日本国憲法に適合するように改正した上で、適用を復活すべきであるとの意見も存在する。裁判員制度は、陪審制度とは異なるものであって、むしろ陪審制度こそを復活させるべきだとの意見もある。

②裁判員制度

裁判員制度は、2004（平成16）年法律第63号「裁判員の参加する刑事裁判に関する法律」（以下「裁判員法」）で導入された。裁判官３人と裁判員６人で合議して裁判をする制度であり（裁判員法２条２項）、場合によっては裁判官１人と裁判員４人で（２条３項）、地方裁判所で扱われる、死刑が法定刑に含まれている事件を扱う（２条１項１号・２号）。ただし被告人が凶悪犯であると考えられる場合などは裁判官のみの裁判も行える（３条１項）。英米などの陪審制とは異なり、死刑判決であっても全員一致は要請されず、裁判官が多数派に加わっていることが条件の多数決で決めることになっている。この点日本の戦前の陪審制と類似する。2004年３月に「裁判員の参加する刑事裁判に関する法律」案を閣議決定され、国会に提出された。２ヶ月後の５月に「裁判員の参加する刑事裁判に関する法律」案が国会で可決・成立し、公布された。従来の刑事裁判を大きく変える制度であることから、「公布の日から起算して五年を超えない範囲内において政令で定める日から施行する」ものとされ（附則１条）、2009（平成21）年５月21日に施行された。

③裁判員制度の憲法上の問題点

裁判員は「衆議院議員の選挙権を有する者の中から…選任」される（裁判員法13条）。「裁判員は、独立してその職権を行う」（８条）ものであり、「法令に従い公平誠実にその職務を行わなければならない」（９条１項）。このために「評議の秘密その他の職務上知り得た秘密を漏ら」すこと（９条２項１号）、「裁判の公正さに対する信頼を損なうおそれのある行為」をすること（９条２項２号）、「その品位を害するような行為」をすること（９条２項３号）が禁じられる。専門家と看做される人、体力的・能力的に職務を遂行できなそうな人

54

第4講　人身の自由―刑事裁判と人権

は裁判員になることができない（欠格事由・14条、就職禁止事由・15条）。裁判員になれない人の範囲が広すぎるように思えるところは問題であろう。

　問題点の第1に、憲法32条は裁判を受ける権利について、法律に定められた裁判官という形での限定をしていない。このことからすると、陪審制や、2009年からの導入が決定している裁判員制度が、日本国憲法上許容されることを意味すると考えられるという説が有力である。職業裁判官が事実認定を行わなければならない、との意味を憲法から読み取るのは困難であり、むしろ明治憲法の規定が、陪審制を合憲と解するのに若干の困難がある規定であった。陪審制は、明治憲法の下でも、日本国憲法の下でも、憲法違反とは言えないと考えられる。では裁判員制度はどうなのであろうか？　有罪にせよ無罪にせよ裁判官が多数の側に最低1人は入っていなければならないとされることを考えると、どうやって「誘導」を防ぐのかについては、裁判官の良心に委ねられているようにも思われる。裁判員による裁判だけでは不安があるとの被告人の立場は、控訴上告が可能であることで治癒されると解される。第2に、80条は下級裁判所の裁判官が任期10年であるとするが、裁判員が公式にlay-judgeと訳されていることからも、「裁判官」には違いないので、少なくとも疑義がある。第3に、裁判員は死刑が法定刑に含まれる重大犯罪に関与するが、このことは意に反する苦役（18条）に当たるおそれはないのか、また思想良心の自由（19条）・信教の自由（20条）［⇒第5講］との関係でも疑問がある。第4に、守秘義務が刑罰で担保されていることによって、21条の表現の自由が侵害され、また国民の知る権利が侵害されているとの指摘がある［⇒第6講］。

3．法廷通訳―国際人権法の視点

　第4講の最後に、国際的な人権に関する取り決めにも目を向けておきたい。日本も当事国となっている人権に関する国際文書のうち、法的拘束力の面では弱いものの、批准国が多いのが世界人権宣言である。六法にも収録されているので、まず一読してもらいたい。その上で、国際人権規約の自由権規約6条―10条、14条、15条、17条に目を通して欲しい。日本国憲法31条―40条に規定されている人権が、場合によっては憲法より詳しく規定されている。この自由権規約は、世界人権宣言を法的拘束力ある条約とするために制定され、1966年に

55

採択、1977年に発効したものである。国際連合には多くの国が参加し、さまざまな立場があったために、採択・発効までにかなり長い期間を要した。このため、比較的意見が一致しやすかったヨーロッパ諸国は、ヨーロッパ審議会（Council of Europe）と呼ばれる組織を、第二次世界大戦後につくり、その中で、世界人権宣言を具体化する条約としてヨーロッパ人権条約を採択した。このヨーロッパ人権条約の内容が、自由権規約の内容に多大な影響を与えている。このように、「人身の自由」の保障は国際社会における必要最小限度の共通理解であるといえる。ヨーロッパでこのような条約が成立した背景には、ナチス・ドイツによる人権を無視した多くの事件が惹き起こされ、それを阻止できなかったことに対する反省がある。日本国憲法の人身の自由に関する規定の背後には、このような国際社会の動きもあったのである。

　人身の自由規定と、これら国際人権法の諸規定は極めて類似するが、法廷で被告人が通訳を付ける権利は日本国憲法に定めがなく、国内法にも規定がない。自由権規約14条3項は、「その理解する言語で速やかにかつ詳細にその罪の性質及び理由を告げられること」（a）、並びに「裁判所において使用される言語を理解すること又は話すことができない場合には、無料で通訳の援助を受けること」（f）が出来ると規定する。判例はまだ多くないが、人の移動が盛んになっている現代の国際化社会において、この権利を保障することは極めて重要である。

56

第4講　人身の自由―刑事裁判と人権

確認問題（６）

　人身の自由について述べた次の選択肢のうち、判例・通説に照らして明らかに誤っているものを一つ選びなさい。

１．罪刑法定主義は、日本国憲法で初めて明示的に憲法の条文に規定された。

２．裁判員制度は、日本国憲法に違反する可能性があると指摘する学説がある。

３．適正手続きは、憲法31条の趣旨として、すでに定着しており、現行刑事訴訟法制定の基礎ともなっている。

４．人身の自由は、国際的な人権に関する条約においても、いわゆるミニマムスタンダードとなっている。

研究課題（３）

・裁判員制度について、明治憲法時代の陪審制と比較しながら、憲法上の問題点について整理しなさい。

第5講　内心の自由・信教の自由と政教分離

1．思想及び良心の自由

　例えば自分が「これが正しい事だ」と考えるのは、心の中でのこと（内心）なので、だれも侵害できない。「内心」であっても、江戸時代の踏絵のような形で侵害されうる。実際に裁判で問題になったのは、古くは謝罪広告の請求が良心の自由を侵害するとの主張であった。最高裁は19条の侵害はないと判示しているが、侵害があり得る（田中耕太郎裁判官の補足意見）、また侵害があった（藤田八郎裁判官の反対意見）との見解も同時に示された［最大判昭31（1956）・7・4民集10-7-785］。電力会社が社員の所属政党を調査したことが問題となった事件でも請求は棄却されている［最二小判昭63（1988）・2・5労判512-12］。

　近年はそれほど問題とされないが公立小学校の卒業式での、君が代ピアノ伴奏を職務命令することが19条を侵害するかが争われ、結果として棄却されたものの詳細な理由付けが注目された［最三小判平19（2007）・2・27民集61-1-291・判時1962-3］。

　明治憲法時代、天皇を批判するようなことを少しでもいうと、その研究は弾圧された。**思想良心の自由を保障する19条**もこういったことへの反省に基づく。さらに**学問の自由（23条）**についても関連して触れておく。戦前の内心の自由侵害と同様学問研究についても明治憲法下においては、その保障が不十分であった。ドイツの学問の自由、大学の自治に関する研究を参照しながら23条の解釈論が形成された。学問の自由については、**ポポロ事件**のような、**集会の自由**とも関わる重要な判例［最大判昭38（1963）・5・22刑集17-4-370・判時335-5］がある。学問の自由の意義と大学の自治について適切な判示をしている点は評価されるが、大学に、情報収集のために立ち入っていたことが明らかに認められた、警察官の行為が、大学の自治を侵害した、と認めていた下級審の判断を無視したことは問題で、実際批判が多い。

2．信教の自由

　信教の自由とは、どんな宗教を信じてもよいし、また、何も信じないことも**自由だ**、ということである。1．で内心の自由侵害の例として挙げた江戸時代の踏絵（及びそれを用いた絵踏）のような行為は、立憲的意味の憲法を有する国においては明らかに、信教の自由をも侵害していたと考えられる。明治憲法の下では、神社に無理やり参拝させられたりする、「国教」としての「神道」（国家神道）があり、いろいろな宗教団体が解散させられた。1995（平成7）年に地下鉄サリン事件を起こしたオウム真理教（現アレフ）への捜査が遅れたのは、この規定があるからである［関連して、宗教団体としてのオウム真理教への解散命令が宗教法人法81条1項1号及び同条2項前段に該当するとして解散命令が出されたことが争われた最一小決平8（1996）・1・30民集50-1-199（**オウム真理教解散命令事件**・結果は棄却）参照］。

　なお判例の中には当初無理のある主張もあった。

　例えば僧侶が精神障害平穏祈願のため線香護摩による加持祈禱と称して行った行為の結果被害者が死亡した事件で、信教の自由の行使であると主張されたが棄却されている［**加持祈祷事件**・最大判昭38（1963）・5・15刑集17-4-302・判時335-11］。なお下級審の判決であるが、建造物侵入・兇器準備集合等の被疑者を牧会活動の一環として一週間宿泊させたことが犯人蔵匿罪（刑法103条）に問われたが、無罪となったのは当然であろう［神戸簡判昭50（1975）・2・20刑月7-2-104・判時768-3］。行政処分が違法と認定された判例として、工業高等専門学校の学生が信仰上の理由から体育実技修得認定を受けられなかったことが争われた事件がある。この事件では、結論的に高専側の請求を認めた1審判決［神戸地判平5（1993）・2・22判時1524-20］は2審［大阪高判平6（1994）・12・22判時1524-8］で取り消され、学生側の請求を認容し、高専側からの上告は最高裁で棄却されている［最二小判平8（1996）・3・8民集5-3-469・判時1564-3］。

　「エホバの証人」信者で、宗教上の信念から、全ての輸血を拒否するという意思を有していた原告について、原告本人の意思に反して、輸血を伴う手術をしたことが、自己決定権を侵害するかが問われた事件がある（エホバの証人輸

第5講　内心の自由・信教の自由と政教分離

血拒否事件［最三小判平12（2000）・2・29民集54-2-582］）。この判決では宗教的信念に関わる自己決定権を尊重しないことは不法行為にあたるとされた。なお自己決定権については、**第9講1.** も参照。

3．信教の自由と政教分離

　自衛隊員の夫が公務従事中の事故で死亡したあと、キリスト教徒であるその妻が反対したにもかかわらず、隊友会によって護国神社に合祀されたことが信教の自由を侵害すると訴えられた事件では、結論として侵害はないと判示された。重要なのは、その妻が仏式の葬儀には参加していたことの評価も含め、詳細な意見・補足意見・反対意見が述べられたことである［最大判昭63（1988）・6・1民集42-5-277・判時1277-34］。これは信教の自由に関する先例であるとともに、隊友会の行為が政教分離違反かも問題となった。

　20条は信教の自由と共に上に述べた国家神道への反省もあり**政教分離**についても規定している［財政立憲主義の観点から89条にも規定がある。後述］。政教分離原則を、政教分離という「制度的保障」であるということがあるが（すぐ後で触れる津地鎮祭訴訟最高裁判決もそのようにいう）、疑問である（尾吹善人）。政教分離原則については多くの判例がある。

　政教分離原則が「現実の国家制度として具現される場合には、それぞれの国の社会的・文化的諸条件に照らし、国家は実際上宗教とある程度のかかわり合いをもたざるをえないことを前提としたうえで、そのかかわり合いが、信教の自由の保障の確保という制度の根本目的との関係で、いかなる場合にいかなる限度で許されないこととなるかが、問題とならざるをえない」。20条3項が禁止しているのは、国と宗教の関わり合いが「相当とされる限度を超えるもの」であるとされながら、津で行われた地鎮祭への公金支出は、20条に反しないと判示されている［最大判昭52（1977）・7・13民集31-4-533（津地鎮祭事件）］。箕面忠魂碑・慰霊祭への公金支出が争われた訴訟でも同様である［最三小判平5・2・16民集47-3-1687（箕面忠魂碑・慰霊祭訴訟）。注目されるのは、政教分離「原則」（20条及び89条）に関して違憲ないし違法との判決が2件あることである［最大判平9（1997）・4・2民集51-4-1673・判時1601-47（愛媛玉串料訴訟）並びに最大判平22（2010）・1・20民集64-1-1（砂川市神

61

社土地利用提供行為違憲訴訟とも呼ばれる、**空知太神社判決**）]。2021年の孔子廟訴訟判決もこれに類似する［2021（令3）・2・24民集75-2-29］［⇒**第12講**もみよ］。

　憲法は「公金その他の公の財産は、宗教上の組織若しくは団体の使用、便益若しくは維持のため、又は公の支配に属しない慈善、教育若しくは博愛の事業に対し、これを支出し、又はその利用に供してはならない」（89条）と規定する。第一に、前段の「**宗教上の組織若しくは団体の使用、便益若しくは維持のため**」**に公金その他公の財産を用いることができないのは政教分離原則（20条）からの要請**である。まず、文化財保護の観点から神社仏閣等の修繕費を援助する（文化財保護法35条）のは問題がない。また国有地を神社等に譲渡することがあるが、これは明治憲法時代に（かなり強引に）国有化された土地を返還するのが本来の趣旨であって本条とは関係がないとする判例がある［「社寺等に無償で貸し付けてある国有財産の処分に関する法律」（昭22法53）についての最大判昭33（1958）・12・24民集12-16-3352］。

　判例は、「宗教上の組織若しくは団体」とは、国家がそういった組織や団体に特権を付与したり、また、それらの使用、便益若しくは維持のため、公金その他の公の財産を支出し又はその利用に供したりすることが、「特定の宗教に対する援助、助長、促進又は圧迫、干渉等になり、憲法上の政教分離原則に反すると解されるもの」すなわち「特定の宗教の信仰、礼拝又は普及等の宗教的活動を行うことを本来の目的とする組織ないし団体を指す」ものとされている［最三小判平5（1993）・2・16民集47-3-1687：**箕面忠魂・慰霊祭訴訟最高裁判決**］。**箕面市戦没者遺族会補助金訴訟最高裁判決**も同様に解している［最三小判平11（1999）・10・21判時1696-96］。

　これらの判決は、遺族会は宗教団体ではないとする。なお政教分離違反の判示をした**空知太神社判決**は、**神社の氏子集団**は「宗教的行事を行うことを主たる目的としている宗教団体であって、寄附を集めて本件神社の祭事を行っており、憲法89条にいう『宗教上の組織若しくは団体』にあたる」［最大判平22（2010）・1・20民集64-1-1］とした。

　第二に、後段の「公の支配に属しない慈善、教育若しくは博愛の事業」に公金その他公の財産を用いることができないとの規定はなかなか理解しにくい規

第5講　内心の自由・信教の自由と政教分離

定である。沿革的にはキリスト教が事実上広範な勢力を持ち、かつ宗教的な観点から国家の介入を防ぐ点に重点があったアメリカの州憲法由来の規定であり（**自主性確保説**）、日本で同様に解することはできない（中立性の確保が本来の目的だとする考え方も自主性確保説に近いものと思われる）。教育が何を意味するかについては、概して言えば「慈善、教育若しくは博愛の事業」はむしろ公共性が高く、「悪い目的ではないのだから」という「美名」に乗じた公費濫用を防ぐことが目的であると解するのが妥当である（**公費乱用防止説**）。私学助成が合憲かどうかについては89条にいう**「公の支配」がどういう意味かに依存する**が、憲法25条が福祉国家理念を表明していることからも、**緩やかに解しうる**［長谷部347頁・なお東京高判平2（1990）・1・29高民集43‑1‑1（幼児教室助成違憲訴訟）参照］。

63

確認問題（7）

　信教の自由と政教分離について述べた次の文のうち最も適切なものを一つ選びなさい。

1．信教の自由は明治憲法においても十分に保障されていた。

2．憲法89条の規定は宗教的な教育内容を含んでいる私立大学への公金支出を例外なく禁止している。

3．明治憲法時代の国家神道は事実上の国教であり、他宗教の信徒であっても参拝を事実上強要されていた。

4．政教分離は国家の宗教的中立性を意味するというのは判例で繰り返し示された判例法である。

第6講　表現の自由の基礎と現代的課題

1.「表現の自由」保障の意義

（1）条文の内容と歴史

　日本国憲法21条1項の前半（集会、結社）は集団で、少なくとも2人以上で行う表現に関わる行動であり、1項後半（言論、出版）は、1人でも行える表現に関わる行動である。もっとも、「その他一切の表現の自由」と言っているのだから、非常に広い範囲の「表現」が含意されていることは明らかである。2項はとくに戦時において、表現行為への過度の抑圧が行われたことへの反省の表れとされる。

　本条はアメリカ合衆国憲法の第1修正に由来するといわれる。もっとも、同条は他の精神的自由権と併せて規定されており、明治憲法の条文に基づいているというほうが正確である。明治憲法29条で、法律の範囲内における臣民の「言論著作印行集会及結社ノ自由」が規定されていた。日本国憲法制定時、日本側は、法律の範囲内という限定にかえて、明治憲法28条の信教の自由に関する条文で用いられていた「安寧秩序ヲ妨ケサル限リ」という限定句を加えようとしたが、結局現行の条文に落ち着いた。

　表現の自由（freedom of expression）は、世界人権宣言19条、国際人権規約自由権規約19条2項、ヨーロッパ人権条約10条1項、米州人権条約13条1項などの国際的文書においても規定され、アメリカ合衆国憲法第1修正、ドイツ連邦共和国基本法5条1項など諸外国の憲法にも規定されている。他方で近代立憲主義国であるにも関わらず、オーストラリアのように成文の憲法を連邦レベルで有し（しかも硬性のそれを有しながら）、少なくとも連邦レベルでは表現の自由保障規定を持たない国もある。基本思想は様々であり、その保障の程度は国によりかなり異なるが、**近代国家では必ず保障される代表的な人権である**。

65

（2）表現の自由の意義

　大別すれば、表現の自由の位置付けには2つの考え方がある。1つは、表現の自由は特段他の経済的自由権や人身の自由、あるいは社会権と比べて重要であるとまでは言えず、人権はすべて同じように重要であるという立場である（中川）。もう1つは、民主主義の政治体制をとる国にあっては、少数者の意見表明が何より重要であって、その意味で他の人権に比べて重要である。**人権には価値序列があって、表現の自由はその中でも最も重要である**という立場がある（芦部）。

　以下では、表現の自由が、そもそも**個人的側面と社会的側面という二つの側面をもつこと**、いいかえれば、憲法11条・97条がいう「基本的人権」の側面と、憲法12条がいう「公共の福祉」のために認められる、「この憲法が保障する自由及び権利」という側面とをもっているという点に着目して、検討してみよう。その際、「自分にとって不快に感じる」ことを「公共の福祉」に含ませる主張が存在するが、極めて主観的な意見であり、説得力をもたない。たとえば、性的に潔癖な倫理観念を持っているひとが、その特異な倫理観念をもって表現の自由を制限可能であるというような主張である。そもそも憲法で表現の自由が保障されているのは、誰かにとって不快に感じる言動や表現であっても、その言動や表現をあえて守るというのが、表現の自由保障の意義だからである。そもそも誰も不快にしない表現はあり得ないと言い切ってもよい。不快だからという理由だけで表現の自由を制限しようとすることは、全体主義的な主張につながりかねないからである。

　自分の賛同しない意見を他者が表明する権利を、命をかけて守る、という考え方（ミル（J. S. Mill, 1806-1873）の『自由論』やヴォルテール（François-Marie Arouet Voltaire, 1694-1778）に由来するとされる）は、**市民参加という英米で発達した民主主義制度と表裏一体**のものである。これを表現の自由が**自己統治に資する価値**であると主張する立場もある。

　　代表的見解はドイツの政治学者・憲法学者であったシュミットが、民主主義の定義として古典的な「治者と被治者の同一性」＝自己統治の価値を強調し、共和制国家の正統性根拠としては、民主主義のみが必要な原理であるというも

のである。けれども、国家における各個人の「自由」軽視に結び付く考え方であるとして、ドイツ及びオーストリアで活動し、第二次大戦後アメリカに亡命した同時代のケルゼンから批判されたという歴史的経験に照らすと、このような「市民参加」ないし「民主主義の実質化」のために必要な、表現の自由の持つ意義を「自己統治」と定義付けることには慎重であるべきとの考え方も存在する。

　そもそも多数決で結論を出す民主主義は、少数意見を表明しやすくするための仕組みであることが想起されるべきである。全員一致で結論を出そうとすれば、少数派は多数派に遠慮してしまうか、いつまでも結論が出ないか、いずれかしかあり得ないからである。
　表現の自由が社会的に重要であることは比較的納得しやすいであろうが、他方で一人ひとりの個人にとっても、他者とのコミュニケーションを取らなければ人格的成長は望めない。そのような意味で個人的意義を持つといえる。このことを称して自己実現のために必要な表現の自由、と言われることがあるが、いささか抽象的であまり生産的な定義ではない。表現の自由は「思想の自由市場（free market of ideas）」を確保することによっていつか真理が発見されるという信念にその根拠がある、というアメリカ連邦最高裁の判決でホームズ裁判官が述べた意見（*Abrams v United States,* 250 U. S. 616, 630（1919）（Homes, J., dissenting）がある。もっとも、各人の知識量、説得的な話し方や文章の上手さなどに依存する意見の自由な交換が真理を導くというのは、意見を交換する当事者の知識等に差がないときに初めて成立するので、理念的根拠としてはともかく、そのまま表現の自由が保障される根拠として採用することは難しいであろう。

2．「表現の自由」の内容

（1）「表現」とは？

　「表現」とは、人の内心における精神作用を外部に表出すること、といった定義がしばしば行われる。けれども博多駅テレビフィルム提出命令事件は報道機関が事実を報道することも「表現の自由」として保障されると言える、と判

示している［最大判昭44（1969）・11・26刑集23-11-1490］ことからすれば、これでは定義として狭い。抽象的であるが直感的に納得しやすいのは、「表現」は「記号を通してなす対人的コミュニケーション行為をいう」との定義である（阪本）。憲法が想定している「表現」が包摂する内容が極めて広範囲に及ぶのだというイメージがつかめればそれでよい。言いたいことを自由に言える権利ということだ。もちろん憲法が「言論」と言っているのは基本的に口頭での表現であり、「出版」と言っているのは書籍、新聞、雑誌など印刷物による表現である。そもそも文言上も「その他一切の表現の自由」を保障しているから、個々の文言にあまり拘泥しても意味がない。

(2)「表現の自由」の内容─「表現の自由」の三側面

　裁判所では、小説等個人の内面的な思想を表現する行為が、何者かの名誉を毀損することや、モデルがいる小説によるプライバシーの侵害が問われることがある。以下では近年有力な解釈であり、また国際人権条約の諸規定が前提している考え方とも整合する、表現を「受け」「求め」「伝える」権利の3側面に分けて考える立場、すなわち表現の自由を、①情報受領権、②情報収集権、③情報提供権の3つに分けて考える立場に立って、表現の自由の内容を検討する。

①情報受領権

　自己実現（自己充足）の観点から、「内心の公表」として、表現の自由が重要性を持つ。このような「内心」を形成することは、前提となる情報が何もないと、不可能である。また、自己統治（市民参加）の観点からすれば、政府の情報それ自体を入手できなければ、批判的な意見形成は行えない。一般市民の「知る自由」「知る権利」が重要であるとされるゆえんである。「知る権利」は、21条の解釈として、導き出すことができる、というのが、通説的な立場である。もっとも、単に事実として「知る」ことができる、というだけでは、あまり積極的な意味はない。これは一言で言うと自己実現に関わる権利である。例えば、拘置所に拘留されている者が新聞を読む、という行為［最大判昭和58（1983）・6・22民集37-5-793（「よど号」新聞記事抹消事件）参照］や、法廷で裁判の内容をメモすること［最大判平元（1989）・3・8民集43-2-89（レ

ペタ訴訟）参照］について認めることに対し、最高裁は消極的であるが、これ
らが重要な権利であることは容易に想定できるはずである。マスコミへの情報
提供者を、知る権利を確保するための協力者として保護するための憲法上の根
拠として、21条をとらえることもできる。いずれにせよ、こういった「知る権
利」の側面を、抽象的にいえば、情報受領権、ということになるだろう。

　もっとも近年のジャーナリストの任務に関する国際比較を見る限り、日本の
ジャーナリズムには「事実を伝える」という役割を果たすための機能が、時の
政府への批判的機能を果たすべきという思考に影響されすぎていることには留
意が必要である。

②消極的情報収集権

　まずは、消極的収集権（自由権的側面）についてみよう。佐世保港への米軍
空母エンタープライズ号入港に反対する学生が、デモ行進を行うために警官隊
と衝突した様子を撮影したフィルムを、警官への暴行容疑を確定するための証
拠として福岡地裁が提出を命じたことが、憲法21条で保障されるマス・メディ
アの取材の自由を侵害したとの主張が争われた、**博多駅テレビフィルム提出命
令事件**［最大判昭44（1969）・11・26刑集23-11-1490］がある。上述したよう
に報道は21条で保障されるとしつつ、報道機関の「**取材の自由**」は、それを尊
重することが憲法の趣旨に適合する（判決文は21条の精神に照らし尊重に値す
る、という）が、**公平な刑事裁判の実現の確保**という目的のためには、制限さ
れてもやむを得ないとの結論を出している。

　また1990年3月20日、TBSの「ギミア・ぶれいく」という番組内で、暴力
団の組長らが、被害者を暴行・脅迫しつつ、債権取立てをしているシーンが放
送された。この放送をきっかけに、彼らは逮捕拘留されたのであるが、その捜
査に際して、刑事訴訟法106条で要求されている、差押令状に基づいて、TBS
の保有していた、同放送のマザー・テープが押収された。最高裁は、「本件差
押は、**適正迅速な捜査**の遂行のためやむを得ないものであり、申立人の受ける
不利益は、受忍すべきものというべきである」［最二小決平2（1990）・7・9
刑集44-5-421］と判示した。上述のように、**博多駅テレビフィルム提出事件**
では、裁判所による提出命令であったが、**TBS事件**は、捜査機関による差押で
ある。このような違いは、本来無視できないはずであるが、最高裁の判決には

そういった考慮は見られない。なお、TBS事件最高裁判決には、いわゆる日本テレビ事件［最二小決平元（1989）・1・30刑集43-1-19］との対比に重点を置いた、奥野久之裁判官による反対意見がある。

　以上のような最高裁の判断は、元をたどれば**北海タイムス事件**［最大決昭33（1958）・2・17刑集12-2-253］示された考え方に基づくと思われる。刑事訴訟の法廷において、北海タイムスの記者が、裁判官の制止を無視して、被告人の写真を撮影したことが法廷の秩序を乱したとして処罰された。これが、取材の自由を侵害すると主張された事件である。最高裁は「公判廷における審判の秩序を乱し被告人その他訴訟関係人の正当な利益を不当に害する」ことは許されず、「好ましくない結果を生ずる恐れがあるので」12条の公共の福祉による制限の範囲内であると判示されたのである。表現の自由という重大な人権制限を帰結するにしては大まかすぎる理由付けといえる。

　取材手法それ自体が問題になったのは**西山記者事件**である。1972年の衆議院予算委員会においてなされた沖縄返還交渉に関する審議の過程で、それまで政府がその存在を否定していた、日米の密約を裏付ける外務省の極秘電文が、当時の社会党議員によって暴露された。その情報源と目された毎日新聞の西山記者と、記者に情報を漏らしたとされる外務省の事務官が、国家公務員法109条12号・111条違反容疑で逮捕・起訴された事件である。西山記者が外務省事務官から情報を得た方法が相当でなかったとして、最高裁は次のように判示した。すなわち、「報道機関といえども、取材に関し他人の権利・自由を不当に侵害することのできる特権を有するものでないことはいうまでもなく、取材の手段・方法が贈賄、脅迫、強要等の一般の刑罰法令に触れる行為を伴う場合は勿論、その手段・方法が一般の刑罰法令に触れないものであつても、取材対象者の個人としての人格の尊厳を著しく蹂躙する等法秩序全体の精神に照らし社会観念上是認することのできない態様のものである場合にも、正当な取材活動の範囲を逸脱し違法性を帯びる」（**西山記者事件（外務省秘密電文漏洩事件）**）［最一小決昭53（1978）・5・31刑集32-3-457］と。国交法違反でジャーナリストを裁けるかも問題となった。

　取材源の秘匿は新聞倫理の命ずるところであり、証言を拒否することは、刑事訴訟法161条1項（当時の条文）の「正当な理由」にあたると主張された事

件で、最高裁は、憲法21条は「未だいいたいことの内容も定まらず、これから
その内容を作り出すための取材に関しその取材源について、公の福祉のため最
も重大な司法権の公正な発動につき必要欠くべからざる証言の義務をも犠牲に
して、証言拒絶の権利までも保障したものとは到底理解することができない」
［最判昭27（1952）・8・6刑集6-8-974］と判示している（**朝日新聞石井記
者事件**）。なお民事訴訟法では取材源秘匿が認められることもあった［札幌高
決昭54（1979）・8・31判時937-16］。近年最高裁においても、**嘱託証人尋問証
言拒否事件**（NHK記者証言拒否事件とも）［最三決平18（2006）・10・3民集
60-8-2647］において証言拒絶が認められた。

③積極的情報収集権（請求権的側面）

　憲法21条で実質的に保障されているとされる「知る権利」は、情報を「受け
かつ求める」自由であると理解するとき、まさに情報の流通に不可欠な権利で
あると考えられる。しかし、現代は、福祉国家化が進んでいる時代であり、別
の言葉で言えば、積極国家化が進んでいると言える。同時に、政府の役割が
増大することは、国家機密の増大をも意味することになる。また現代国家は、
「防衛機密」事項を増大させつつある。「知る権利」は、国家に対して情報の公
開を請求する、という請求権的側面を持つものと理解できるけれども、あくま
で「抽象的権利としての請求権」までしか導き出しえないと考えられるのであ
って、情報公開法が作られることが必要であると考えられる。この点、2000年
には「行政機関の保有する情報の公開に関する法律」、いわゆる**情報公開法**が
制定された。そもそも、近代国家もその創設期には、情報の送り手も情報の受
け手も、いずれも国民であるといっても差し支えなく、情報の送り手と情報の
受け手の非対等性を考慮する必要はなかった。しかし、資本主義の高度化にと
もない、マス・メディアが情報の送り手として独占的地位を占めるようにな
り、また、国家機密も増大した。つまり、現代社会は、情報の送り手と情報の
受け手が対等ではなく、「**知る権利**」という考え方は、国民の請求権的・社会
権的側面を持つものとして理解されなければならないと言えるのである。さら
に具体的に言えば、国家権力に対する関係では、情報公開法・情報公開条例が
必要であるとされるのであり、マス・メディアに対しては、記事に対する反論
の権利が主張される（いわゆる**アクセス権**の問題。**サンケイ新聞意見広告事件**

[最二小判昭62（1987）・4・24民集41-3-490]）のである。問題は、現代社会は、インターネットが普及しているけれども、そのことによって、再び国民が「送り手」になったとまで言えるか、ということである。そう単純には言いがたい。まったくマス・メディアとの関わりのない、個人が作成しているインターネットサイトが、新聞社のサイト以上に影響力を持つことは、まれである。ただ、近年ＳＮＳとスマートフォンの普及によってある意味個人も発信者となりつつあり世界各国の大統領や首相もＸ（旧Twitter）のアカウントを持つようになっており、その影響について社会学的分析もなされていることには注意が必要である。

④情報提供権

マス・メディアによる報道の自由は、1.（2）で述べたように、自己実現の観点からも、自己統治の観点からも、重要な意味を持つ。この両者の観点、特に後者の観点からして、重要性を持つのである。繰り返しになるが、最高裁は、憲法21条によって報道機関が事実を報道することも「表現の自由」として保障されるといえると判示している［博多駅テレビフィルム提出命令事件（博多駅事件）最大判昭44（1929）・11・26刑集23-11-1490］。

3.「表現の自由」の制約

21条2項で検閲が絶対的に禁止されていることから、表現の自由の制約が「検閲」に当たらないかどうかがまず問題になる。検閲は、最高裁判所によれば「行政権による事前抑制」であるから、司法権による事前抑制は検閲に当たらない。このような立場に立つ場合、検閲と（司法権による）事前抑制との関係が問題になる。公表前の表現に対する事前の関与は、当然にその内容への着目が想定されるのであって、制度的に「検閲」に当たるか否かについて問題がないとしても、表現内容に着目しての当該表現の制約が適切であるか否かの問題は残る。そこで表現内容の面からの制約を検討する必要がある。名誉の侵害、プライバシー侵害、猥褻（現行の刑法175条は「わいせつ」とひらがな表記）文書の頒布・販売、扇動の禁止などがこれにあたる。

これに対して表現態様（時・所・手段）の制約というのも考えられる。こちらは適切に行われれば問題が少ない。もっとも表現の自由の制約を、裁判所が

第 6 講　表現の自由の基礎と現代的課題

どのように判断すべきか、という問題に組み替えてみると、とたんに難解になる。制約の**合憲性判断基準**を考える必要があるからである。

　表現の自由は、先に説明したような意味で、人権の中でも優越的地位にあり、したがって、それを制約するような法律や行政活動は違憲性の推定を受けると考えられる。**表現の自由が問題となる場合には、厳格な客観性基準に立つ**ことが必要であって、**法律による制限が合理的だからよいのだ、というような合理性の基準は妥当しないと考えられている。**このような前提に立つと、**表現の類型論**が必要になる。類型論は、**定義づけ衡量**とも呼ばれる。一定類型に入る表現はあらかじめ許され、または許されないとされ、要するにある定義に含まれることで、表現の自由と、それを制約する何かとの比較衡量はすんでいるという考え方である。

　しかし、類型論は、できるだけ間主観的な（一般的には客観的な）人権の侵害があり得る場合、そして、憲法12条にいう「公共の福祉のための権利、自由」に該当することを、制約を主張する側が立証する必要がある。これは第二次世界大戦以前に昭和 4（1929）年頃大恐慌から徐々にエログロに関する検閲が強化され、翌昭和 5（1930）年以降ナンセンンスといわれるものも付け加えられ、昭和11（1936）年まで基準を明確に示すことなく検閲が強化されたことに対する反省という歴史的な理由もある。さらに現代においても、マッキノンの主張にみられるように、立証されていない理由によるポルノの制約や、すでにハーバード大学の長期にわたる研究から明らかなように、暴力的とされるゲームと、そのゲームのプレイヤーの暴力的行動には因果関係が否定されているのである［ハーバード大学医学部ローレンス・カトナー博士／シェリル・K・オルソン博士共著、鈴木南日子訳『ゲームと犯罪と子どもたち―ハーバード大学医学部の大規模調査より』（インプレスジャパン、2009年）］。

　このように、比較的、言論・表現の自由の制約が通俗的には受け入れられ易いポルノや暴力的ゲームについても、現在までの研究は、仮に相関関係があり得るとしても、因果関係は立証されておらず、これらの主張をする人は一切因果関係を立証していない。これらの制約が肯定的に捉えられるのは、現実の被害者がいる場合であって、その被害は近代法の常識からして「不快に感じる」ことではあり得ない。

73

そもそもこうした論者があえて見ないようにしているのは、ポルノや暴力的ゲームの作者自身が比較マイノリティであるものによって作成されることがあるのを無視している。刑法などによって表現の自由を制約するというのは、積極的にそのような制約を図らなければ個人の権利が侵害されることが立証された場合のみである。この点、刑法175条のわいせつ物頒布罪は憲法21条違反であると言わざるを得ないであろう。

また**公的言論と私的言論の区別**もいわれることがある。「公的」存在の「絶対性」からして、例えば政治家に対して殺害を幇助するような**現実の悪意（actual maris）**がない限り、いなかる表現も許されるとする法理が示される。もう一つは**営利的言論と非営利的言論の区別**である。営利的言論について見ると、**厳格性の緩和された基準**が当てはまると言えるが、広告の禁止については厳格な基準が当てはまる。国民生活への影響がどの程度あるのか、客観的判断が存在しているのか否か、当該制約があることで、（営利的）言論が差し控えられるような**萎縮効果（chilling effect）**がないかどうか、などが検討される必要がある。

（1）検閲の禁止（21条2項）

まったく根拠のない誹謗中傷に当たるような記事は、公表そのものが差し止められることがありうる。しかし、憲法が検閲を禁止していることに鑑みれば、むやみにそれを認めるわけにはいかない。歴史的には『失楽園』(Paradise Lost) で著名なイギリスの作家ミルトン（John Milton, 1608-1674）は、1644年末（一般に11月23日と推定されている）に、『アレオパジティカ—許可なくして印刷する自由のためにイギリス国会に訴うる演説—』(Areopagitica；a Speech of Mr. John Milton / for the Liberty of Unlicensed Printing, to the Parliament of England) において、**表現行為に先立ち、行政権がその内容を事前に審査し、不適当と認める場合にその表現行為を禁止すること（検閲）は**できないと主張して検閲制度を厳しく批判した。これがまさに**事前抑制の原則禁止**と、**適切な司法手続によるならば事前抑制も可能である**という考え方の根拠になる。

関税定率法（現「関税法」）で、出版物に関しても輸入禁制品として、輸入

が禁止されることがあり得ることは、憲法21条が禁止している検閲に該当するのではないかが問われた事件で、検閲が次のように定義されている。「憲法21条2項にいう『検閲』とは、行政権が主体となつて、思想内容等の表現物を対象とし、その全部又は一部の発表の禁止を目的として、対象とされる一定の表現物につき網羅的一般的に、発表前にその内容を審査した上、不適当と認めるものの発表を禁止することを、その特質として備えるものと解すべき」［最大判昭59（1984）・12・12民集38-12-1308（札幌税関事件）］である。これをすべて満たさなければ検閲ではないというのは実質上検閲があり得ないというに等しい。他に、教科書検定制度に関する判例がある［東京地判昭45（1970）・7・17行集21-7別冊（判時604-29）、東京高判昭50（1975）・12・20行集26-12-1446（判時800-19）、東京地判昭49（1974）・7・16判時751-47、最三小判平9（1997）・8・29民集51-7-2921など参照］。教科書の一定の内容規制の必要はたしかにある。教育の機会均等の確保という観点からである。注目すべきは、教科書は検定に不合格になっても一般図書としての出版・販売が可能だから、検閲には当たらないという主張があることである。けれども教科書として出版できなければ意味がないし、検定が思想内容に及ぶ場合は問題となる。

（2）表現内容の制約―事前抑制の原則禁止

　市場に出る前の抑止は、事後抑制に比べて問題が大きいことはすぐに気がつく。チェックする人の主観で、社会全体の知る権利ないし知る自由が侵害されてしまう上、その出版されなかった意見があることすら一般の人にはわからないからである。個人的な権利の侵害が問題となる、内容による制約の典型が名誉棄損表現である。裁判所が、出版物が公表される前に、仮処分によって、事前に差し止めることができるかについて、「個別的な私人間の紛争について、司法裁判所により、当事者の申請に基づき差止請求権等の私法上の被保全権利の存否、保全の必要性の有無を審理判断して発せられるものであ」るから、検閲には当たらない。しかし、「表現行為に対する事前抑制は、新聞、雑誌その他の出版物や放送等の表現物がその自由市場に出る前に抑止してその内容を読者ないし視聴者の側に到達させる途を閉ざし又はその到達を遅らせてその意義を失わせ、公の批判の機会を減少させるものであり、また、事前抑制たること

の性質上、予測に基づくものとならざるをえないこと等から事後抑制の場合よりも広汎にわたり易く、濫用の虞があるうえ、実際上の抑止的効果が事後抑制の場合より大きいと考えられるのであつて、表現行為に対する事前抑制は、表現の自由を保障し検閲を禁止する憲法21条の趣旨に照らし、厳格かつ明確な要件のもとにおいてのみ許容されうるものといわなければならない」。けれども「その表現内容が真実でなく、又はそれが専ら公益を図る目的のものでないことが明白であつて、かつ、被害者が重大にして著しく回復困難な損害を被る虞があるときは、当該表現行為はその価値が被害者の名誉に劣後することが明らかであるうえ、有効適切な救済方法としての差止めの必要性も肯定されるから、かかる実体的要件を具備するときに限って、例外的に事前差止めが許される」と判示されている（北方ジャーナル事件判決［最大判昭61（1986）・6・11民集40-4-872・判時1194-3]）。なお、この判決には、「表現にかかる事実が真実に反し虚偽であることを知りながらその行為に及んだとき又は虚偽であるか否かを無謀にも無視して表現行為に踏み切つた場合には、表現の自由の優越的保障は後退し、その保護を主張しえない」という「現実の悪意」の法理に言及している、谷口正孝裁判官の意見がある。仮処分とは、民事上の権利の実現が種々の原因で危険に瀕している場合に、その保全のため、その権利に関する紛争が訴訟的に解決するかまたは強制執行が可能となるまでの間、暫定的・仮定的になされる裁判またはその執行を言う。

　本判決より以前、宗教団体の長という一応「私人」ではあるが、影響力の大きな人物に関する名誉毀損が問われたものの、表現の自由が考慮された月刊ペン事件［最一小判昭56（1981）・4・16刑集35-3-84］も重要である。

　ただ社会的評価の低下という比較的客観的に判断しやすい名誉棄損と比較して、権利の性質上主権的精神的苦痛がその権利の本質であることからプライバシー侵害表現については判断が難しい。特に、私人の表現が、私人のプライバシーを侵害する場合に、困難な問題が提起されることを指摘しておこう。すなわち、表現の自由権とプライバシーの権利という、人権同士が衝突している場合であるからである。一般には、これは、人権同士を比較衡量して決すべきものと考えられている。以下、関連する判例・判決を、簡単に紹介しておこう。小説が、一般私人をモデルとして書かれた場合に関する「石に泳ぐ魚」事件

［東京地判平11（1999）・6・22判時1691-91、東京高判平13（2001）・2・15判時1741-68、最判平14（2002）・9・24裁判所時報1324-5］では裁判所の全ての段階で小説家側が敗訴したことが注目される。政治家をモデルとした三島由紀夫の小説『宴のあと』が、プライバシー侵害に当たるかどうかが争われた「宴のあと」事件［東京地判昭39（1964）・9・28下民集15-9-2317］はプライバシーの権利を定義しているが明確性に難がある。最終的に和解に終わっているため、先例としてはプライバシーの権利についてという意味の方が大きい。週刊文春の記事が、身内に著名な政治家がいるものの、現時点では一私人にすぎない者の離婚を内容としたことが、プライバシーの侵害に当たるかどうかが争われた事件（週刊文春事件）［東京地決平16（2004）・3・19判時1865-18、東京地決平16（2004）・3・19判時1865-12］では、当初東京地裁が差し止めをあっさりと認めたことが批判された。過去の著名事件に関与していた原告が、フランスではすでに公開されていた映画の日本での公開を差し止めるよう求めたが拒否された、「エロス＋虐殺」事件［東京高決昭45（1970）・4・13高民集23-2-172］も注目される。前科の公表がプライバシー侵害にあたるかが争われたノンフィクション「逆転」事件判決［最三小平6（1994）・2・8民集48-2-149］は差し止めこそ認められなかったものの、損害賠償請求は認められている。個人的な権利の侵害が問題となるこれらの問題と比較して、特定個人の権利侵害は問題とならない表現の自由の内容規制の典型例が、性表現規制と扇動表現規制である。また著作権法と表現の自由の関係も問題となる。

　刑法175条は、いわゆる「わいせつ物頒布罪」を定める。判例では「わいせつ」を「徒に性欲を興奮又は刺激せしめ、かつ、普通人の正常な性的羞恥心を害し、善良な性的道義観念に反するもの」［最大判昭32（1957）・3・13刑集11-3-997（チャタレイ事件判決）］と定義している。これは、わいせつ表現も「表現」であるとすれば、まさに内容に着目した規制である。従来の根拠は、性犯罪の増大を抑止すること、性行為非公然性の原則があることなどであったが、前者は裏付けがなく、後者は根拠足り得ないことが明らかである。それに代わるものとして、文脈的アプローチ、あるいは相対的猥褻概念が提唱されている［最大判昭44（1969）・10・15刑集23-10-1239（「悪徳の栄え」事件判決）、最二小判昭55（1980）・11・28刑集34-6-433（「四畳半襖の下張り」事件

判決）参照〕。関連するものとして、青少年保護条例によって、事前抑制としての指定処分を行うことが憲法21条に反しないかが問題となる。社会共通の認識を理由とされることがあるが、疑問である〔最三小判平元（1989）・9・19刑集43-8-785（岐阜県青少年保護育成条例事件）〕。

なお近年ではライトノベルの挿絵、まんがなどについて、「ポルノ」に当たるからという理由で、子どもの権利条約の選択議定書などとの関連で国連人権委員会などが勧告している問題がある（たとえば、https://www.unicef.or.jp/special/0705/cyberporn03_03.html）。しかしこれは**未成年に「見える」ことを規制根拠としている多くの国の議論を無批判に受け入れている**としか解されず、実際には児童性虐待記録物を取り締まるのでなければ意味がない。欧州や米国では成人であっても未成年に見えるから問題だという意見まであり、日本人、ひいてはアジアの国々の多くの人種がアングロサクソンや黒人に比べて幼く見えることを全く念頭に入れていない。人種差別的主張とさえいえる。いずれにしても、ここで述べてきたような性表現規制論は、児童性虐待記録物を取り締まるべきという**実在の児童を保護するという法益が明らかなもの**を除くと、せいぜい**性道徳観念がゆらぐ**とか、**性犯罪が性的表現物に影響される**というものである。性犯罪が性的表現物に影響されるという主張は根強く繰り返し主張されているが、それは罪を犯したものの意志を否定する結果にしかならないのであって、実質的には**すべての表現物が恣意的に規制される未来につながりかねない**ことは留意すべきである。このことは、もちろんいわゆる「ポルノグラフィ」が女性差別にあたるといった、ジェンダー論やフェミニズムからの批判についても同様に当てはまる。

ここで善良な風俗を害しないことが放送事業者の倫理的義務とされていることにも言及しておこう。放送法4条は、電波法4条にいう免許を必要とする放送事業者について次の規定をおいている。「放送事業者は、国内放送及び内外放送（以下「国内放送等」という。）の放送番組の編集に当たつては、次の各号の定めるところによらなければならない」として「一　公安及び善良な風俗を害しないこと」「二　政治的に公平であること」「三　報道は事実をまげないですること」「四　意見が対立している問題については、できるだけ多くの角度から論点を明らかにすること」の4つを挙げている。近年のワクチンに対す

る非科学的でデマを流布する番組が後をたたないこと、そういった番組を疑いも持たずに信じてしまう多くの人々を考えれば、このような規制も理解はできよう。けれども**政府による番組内容への介入を許すものでもある**ことは十分に注意が必要である。

　煽動表現規制についてはどうだろうか。たとえば破壊活動防止法38条１項は、次のように規定している。「刑法第77条、第81条若しくは第82条の罪［内乱、外患の罪］の教唆をなし、又はこれらの罪を実行させる目的をもってその罪のせん動をなした者は、７年以下の懲役又は禁こに処する（2025年６月１日より「懲役又は禁こ」は「拘禁刑」に改正）」。

　ここで定められている、せん動（煽動）罪は、実行行為の危険性だけを理由とする処罰、しかもそのような危険性を招来する表現行為を、刑法が処罰していないのにもかかわらず、処罰しようとするものである。憲法21条の観点からも問題であるが、刑法の制定者の意図を踏みにじるものとも言える。しかし、判例は、このような規定も特に漠然不明確であるとは言えず、公共の福祉の観点から合憲であるとする［たとえば、破防法違反に関する最二小判平２（1990）・９・28刑集44-6-463］。学説では、「明白かつ現在の危険のテスト」が適用されるべきだとの主張が有力である。これに関連して、**ヘイトスピーチ**の解消も問題となっている。人種差別撤廃条約４条と、平成28年法律第68号本邦外出身者に対する不当な差別的言動の解消に向けた取組の推進に関する法律の制定過程に留意すること。同法は罰則のない理念法であるが、なぜそういう法律になったかを考えなければならない。

　著作権と表現の自由の関係について最後に検討する。著作権法は、その研究の第一人者から、「もはや一度全部なかったことにして作り直すほうがよいのではないか」という趣旨の言葉が出てくるくらいで、非常に複雑な制度である（文化庁のサイトに著作権についての包括的な解説がある https://www.bunka.go.jp/seisaku/chosakuken/index.html）。「**著作者人格権**」という用語で著作者の人格権を重視した規定を置く（たとえば著作者名は明示されなければならない）とともに、**財産権的な権利**として、複製権（著作権法21条など多く権利を認めている。さらに映画については「映画の著作物」としてその帰属を29条で定める。著作権の保護期間は原則として著作者死後70年経過するま

でである。映画についても70年間が保護期間であるが、このような映画の著作物との関係で近年特に問題視されているのが、Webサイト、特に動画共有サイトにおける動画アップロード問題及びダウンロード規制（違法化）問題である。YouTubeが出来た当初、前者、つまりホームビデオのアップロードについては、プライバシー問題が生じる可能性はあるものの（これは例えばグーグルのストリートビューの問題と関連付けて考えた方が良いだろう）、最近後者、つまり明確な著作物のアップロードに対する法的統制が特に問題になってきた。というよりもこれは最初から問題だった。YouTubeは元々画質がそれほど良くなく、時間も短いことを指摘したが、気軽に出来るということから、すぐに映画やTVの大量分割アップロードが行われるようになってしまった。これに対して、アメリカでは権利者による要請に対応しての削除を行うことで、企業としての違法性を免れる旨の判決がある（*Viacom Int'l, Inc., Football Ass'n Premier League Ltd. v. YouTube, Inc.*, Docket No. 10-3270-cv（2 nd Cir. April 5, 2012））が、今後覆される可能性もある。YouTubeに限った問題ではないが、無断でアップロードされた著作物を見ているという意識が醸成されにくいのである（スマートフォンで気軽に接することができるようになったことでこの点は加速されてしまった）。こういう問題に対応するために著作権法30条が置かれている。著作権法30条はそもそも私的使用のための複製を合法であるとする規定である。ここで著作権法30条1項3号の規定を見てみよう（なお4号にも関連規定がある）。

　　　著作権を侵害する自動公衆送信（国外で行われる自動公衆送信であつて、国内で行われたとしたならば著作権の侵害となるべきものを含む。）を受信して行うデジタル方式の録音又は録画（以下この号及び次項において「特定侵害録音録画」という。）を、特定侵害録音録画であることを知りながら行う場合

「その事実を知りながら行う」という文言をどのようにとらえるかが問題となってくるので、この言葉を頭に置いておいてもらいたい。ここで動画共有サイトの問題点に戻ってみよう。高画質な動画をアップロードする場合には、どこの動画サイトであっても、基本的に登録が必要で、有料であることが多い。

第6講　表現の自由の基礎と現代的課題

いずれにしても、この条文に関連して多くの問題が生じている。動画の問題に戻って考えてみるとどうだろうか。個人が自分の子どもをとったビデオをアップロードしたらその背後にテレビ番組が写っていた。そのテレビ局はビデオ公開を差し止められるであろうか？著作権法30条1項3号「その事実を知りながら行う」という文言をどのように捉えるかが問題になる事例ということになろう。このダウンロード規制と、同条同項2号で規定されているいわゆるリッピング規制は、第4講でみた罪刑法定主義の観点から疑問がある。権利を侵害された者が侵害を立証しなければならないのであるが（親告罪という）ほとんど捕捉不可能であることからして疑問がある［2018年末から著作権法121条など一部は非親告罪化されている］。何よりも「デジタル方式の録音又は録画」という文言をそのままに理解すれば、アナログケーブルを介して行う録音や録画、パソコンモニタの画面を撮影する行為等は該当しないことになってしまう。

　憲法上の権利と著作権法の関係について次に検討する。著作権は、知的財産権の一種とされ、憲法上位置付けようとすると29条の財産権ということになりそうだ。けれども、著作権法は、「思想又は感情を創作的に表現したものであつて、文芸、学術、美術又は音楽の範囲に属するもの」を「著作物」として規制対象の中心に置いている（著作権法1条1項第1号）から、憲法21条1項が保障する表現の自由と無関係なはずはない。さらに言えば、全人的な思想の表明というのは人格権的なものと言えるのであり、著作権法も上述のように「著作者人格権」という用語を用いている（著作権法17条〜20条）ことからして、憲法13条が規定する「幸福追求権」の一環として認められると主張されることが多い「人格権」あるいは「自己決定権」とも関連しそうである。そもそも、著作権法の側からも、憲法の側からも、ほとんど両者の関係について議論が起きていなかった。財産権の一種として法律で創設された権利に過ぎないと考えられていたのかもしれないし、保護期間も当初は、現在のように作者の死後70年、映画著作物の場合映画著作者の死後70年というような長期にわたるものでもなかったので、あえて論ずるに値しないと考えられたのかも知れない。しかし著作権保護が強化されれば当然に表現の自由は制限される。実際には表現の自由の社会的側面と密接に関連する政治的表現にか

81

かわる問題である。政党や政治家個人、政治的主張をする個人など無数の動画がYouTubeなどには存在する。またニコニコ動画等には多くのいわゆる二次創作が存在する。それが何を意味するのかは、動画以外の創作物との比較をすることで見えてくる。例えば文学では昔からパスティーシュ、オマージュと呼ばれる作品があった。商業作品としての「パロディ」「パスティーシュ」「オマージュ」は、それ自体が作品として昇華されている（もっとも、単なるファン心理というか、マニアックな知識を説明なしに「作品」の中に出してしまっているような例もないわけでない。なお文学用語として本来的には、パロディは作品に対する評価用語であり、パスティーシュは作品創作手法であり、そしてオマージュは創作姿勢そのものを指すようであるが、法的な場面では必ずしも厳密に使い分けされているわけではない）。二次創作については、日本においては著作権者の暗黙の了解というか黙認の下で育ってきている。これをある種理想的な関係の1つとのとらえ方もある〔ローレンス・レッシグ著、山形浩生・柏木亮二訳『CODE—インターネットの合法・違法・プライバシー』（翔泳社、2001年）〔原著・Lawrence Lessig, Code and Other Laws of Cyberspace (Basic Books, 1999)〕；ローレンス・レッシグ著、山形浩生訳『コモンズ—ネット上の著作権強化は技術革新を殺す』（翔泳社、2002年）〔原著・Lawrence Lessig, The Future of Ideas: the Fate of the Commons in a Connected World (Random House, 2001)〕；ローレンス・レッシグ著、山形浩生・守岡桜訳『FREE CULTURE—いかに巨大メディアが法をつかって創造性や文化をコントロールするか』（翔泳社、2004年）〔原著・Lawrence Lessig, Free Culture: How Big Media Uses Technology and the Law to Lock Down Culture and Control Creativity (Penguin Press, 2004)〕〕。

　では規制はいかにあるべきだろうか？簡単に見てきたが、野放しには出来ないけれど、やたらと規制すれば良いというわけではない。まず**著作権侵害が問われる方の表現の自由をどう考えるか**が問題となる。現実には、インターネット上では著作権保護は実は容易に進められる（技術的に）。たとえば最近YouTubeは動画アップロード時点で著作者が投稿を許していない動画と判別できたらそもそも投稿できないようにするAIを利用したプログラムを適用しているようだし、録画録音を出来ないように動画サイトはしばしば修正されてい

第6講　表現の自由の基礎と現代的課題

る。だからこそ、保護期間を長くしすぎたり、著作権保護を厳格にしすぎたりすることは問題がある、とも言える（たとえば、ローレンス・レッシグ［⇒**本講末尾の参考文献**］の主張）。**誰かの表現に、全くインスパイアされていない表現などというものはあり得ない**からである。他方で、著作権法というのは、読んでみるとわかるが、全然わかりやすくない。

　さて、著作権の目的を考えるとき、著作権への言及があるアメリカ合衆国憲法がひとつの参考になる（合衆国憲法1篇8節8項）。古典的には、**著作権で保護されるのは固定された特定の表現であって、それによって示される思想や情報ではない**（idea-expression distinction）とされてきた［*Harper & Row Publishers, Inc., v. Nation Enterprises,* 471 U. S. 539, 556（1985）; Melville Nimmer, "Does Copyright Abridge the First Amendment Guarantees of Free Speech and Press?" 17 *UCLAL. Rev.* 1180（1970）］。思想や情報が著作権保護に値するとなると、学術研究は不可能になってしまう。けれども、**内容の伴わない特定の表現**というのも考えにくく、要するにこれでは基準にならないという批判が出てくるのである。ではどのような点に着目すべきか。ちょっと堅苦しい表現であるが、「**他にコミュニケーションの回路が十分に開かれている**」（ample alternative channels for communication）かどうかが目安としてよいのではないかと言われている（エリック・バレント、長谷部恭男）。この考え方に立っているアメリカの著作権法107条（17 USCS § 107）は、①**使用目的　②著作物の性質　③使用される部分が著作物全体に占める量と比重　④著作物の市場や価値に対して当該使用が及ぼす効果を考慮すべきだとす**る。日本の著作権法も基本的には同じような考え方に立つ。しかし問題は、ここで言う立場は、乱暴に言ってしまえば**フェアユース（公正使用）**という考え方であるが、それだけだとなかなかすっきりとは判断がつかないということなのである。これに関連して問題になったのは、**作品が未公刊であることは、当該作品の使用が公正使用に当たらないとの主張の根拠になるか**という問題であった。書簡のやりとりをしていた一方当事者が他方に無断でその書簡を使って、ある人の（書簡のやりとりの相手方）伝記を公刊した。アメリカの裁判所は、条件付きであるが、この場合の使用は許されると判断し、その旨がアメリカ著作権法107条に1992年但書追加されている。もともと憲法に規定

83

があることもあり、**著作権の保護自体が自由な表現を推進する**とアメリカでは考えられてきたが、本当にそうだろうか [Harper & Row Publishers, Inc., v. Nation Enterprises, 471 U. S. 539, 558 (1985); Eldred v. Ashcroft, 123 S. Ct., 788]。**著作権保護を厳しくしすぎると、今度は何も表現できなくなってしまうのではないだろうか**。結局この問題を理解するためには、表現の自由の重要性についての議論、プライバシー、その前提となる人格権についての憲法理論、これら両者の関係と著作権との関係を考えてみなくてはならない。

　著作権は、表現の自由、人格権保護両方に関わるからこそ難しい問題を提起する。具体的にどう関わるか、**病気を克服した人が自伝を出版するという事例**を考えてみてもらいたい。表現の自由が社会的側面と個人的側面を持ち、それが自己統治及び自己実現の価値と結び付けて考えられること、名誉権とプライバシー権が13条に関わって人格権あるいは自己決定権と結び付いてそれぞれに社会的な意義を持ち（名誉棄損は社会的評価の低下を意味する）、あるいは個人的側面を持つ（プライバシー侵害は極めて主観的な要素を持つ）ことを考える必要がある。そして名誉棄損は政治家に対する批判的言論において生ずることが多く、この場合には表現の自由が優位することが多いのに対し、プライバシー侵害は例えばモデル小説のモデルが私人である場合のように、プライバシー権が優位することが多い。著作権侵害は、表現に関する保護である以上表現の自由に関わるが、私的な事柄を表現するという著作を想定すれば容易に理解できるように、プライバシー権とも関わるものである。著作権保護それ自体が財産権保護と直接に関わることも想定し、これら相互の関係について考察し、自分なりの結論を出してみよう。

（3）表現態様の制約

　21条は集会の自由も保障しているが、**デモ行進についても、動く集会としてその保障の範囲内である**というのが有力な考え方である。表現の自由とは別個の「集会の自由」の問題である、との立場と「その他一切の表現の自由」に含まれるとの立場があり得るが、広義の表現の自由に含めて考えるのが21条1項の文言に素直な解釈である。いずれにせよ、21条によって保障されるものであるとすれば、デモ行進を規制する**道路交通の妨害を罰する規定を持つ道路交通**

法や、各地方自治体が制定している**公安条例**は、必要最小限度の制約しか行ってはならないという要請を満たすべきものと解される。しかし、**判例は比較的簡単に、これらの合憲性を肯定してきている。**

　街中の電信柱や建物の壁などにポスターやビラを貼ったり、ビラを配布したりすることは、世の中の事象に疑問を感じたときに、市民が行うことのできる、重要な表現手段である。**静穏・美観の破壊を防ぐ**という目的から法律や条例でいろいろな規制がある。軽犯罪法はそれほど重い刑罰を科すものではないが、その規定は、**恣意的に用いられれば、ビラ配りやビラ貼りが制限されることになる**［関連して最大判昭45（1970）・6・17刑集24-6-280、最三小判昭59（1984）・12・18刑集38-12-3026、東京地判平16（2004）・12・16判時1892-150、などを参照］。防衛庁宿舎に立ち入って自衛隊のイラク派遣に反対するビラを配布する行為について、住居侵入罪で処罰されるかが問われた、**自衛隊官舎（防衛庁宿舎）ビラ配布事件**［最二小判平20（2008）・4・11刑集62-5-1217］において、ビラの内容が問題となっているにもかかわらず、住居侵入罪で有罪とすることが憲法21条1項に違反しないとの判示があり、批判がある。また、**屋外広告物法**は、「屋外広告物」につき、「常時又は一定の期間継続して屋外で公衆に表示されるものであつて、看板、立看板、はり紙及びはり札並びに広告塔、広告板、建物その他の工作物等に掲出され、又は表示されたもの並びにこれらに類するものをいう」とする（2条1項）。そして、都道府県が、条例によって、これらの規制を行うことができる旨規定している（同法3条・4条）。一見すると、目的は正当であるが、上記引用の規定に照らしてみれば、言葉の通常の使い方でいう「広告」よりも、ずいぶんと広範囲のものが含まれる。表現の態様（手段）を規制するものであるとはいえ、問題がありそうだ。また地方自治体は、**騒音防止条例**を置いている。これも、実際にはかなりの騒音と言えるほどの音量でトラックやバンが、主義主張などを流している場合であっても、その取締りが恣意的に行われるような場合には、問題があると考えられよう。

　いずれにせよ、制約対象となる言論の発言者自身の職を奪うべきと発言したり、X（旧Twitter）やInstagramなどのSNSアカウントのアカウント保持者自身の発言権を奪うべきであるといった言動が行われたりすることがある。

「世の中を良くするためには誰かの非を指摘し、攻撃するしかないと考える若者も多く、SNSによってこのようなキャンセルカルチャーが加速しているが、それは変化をもたらすアクティビズムではない」（バラク・オバマ元大統領）という指摘にあるように、言論に対する誤った行動であるということは念頭に置いておく必要がある（オバマ自身が政策実現の上でこれに従った行動をしていたかどうかは別である）［社会学・哲学・経済学などからの視点を含む広範囲な文献として、トマ・ピケティ、ロール・ミュラ、セシル・アルデュイ、リュディヴィーヌ・バンティニ著（尾上修吾、伊東未来、眞下弘子、北垣徹訳）『差別と資本主義　レイシズム・キャンセルカルチャー・ジェンダー不平等』（明石書店、2023年の一読を薦める）］。

4.「表現の自由」が問題となる場合の違憲審査基準

　本講3の冒頭でも若干検討したが、具体的な裁判所において適用される違憲性判断基準について、以下三つだけ取り上げる。まず**漠然性のゆえに無効の法理**があり、これは罪刑法定主義の現れであり、**明確性の原則**ともいわれる。表現の自由の優越的地位からして、萎縮効果を持つような法規制は、文面上無効と判断すべきだと考えられる。もう1つが**必要最小限度の規制**である。「過度に広範な制約」はなし得ないというものであるが、より制限的でない他の選びうる手段（LRA：least／less restrictive alternative）がある場合は、その規制手段は違憲と考えられる。なお、後者は憲法第13条の反対解釈から導き出せる、との説もある。扇動表現規制の合憲性審査にとくに用いられることがあるのが、**明白かつ現在の危険のテスト**である。これは**やむにやまれぬ公共的利益のテスト**ともいわれる。**表現行為が、重大で社会的な害悪を発生させる明白で現在の危険がある場合に限ってその表現を規制できる**という考え方に基づくもので、法律の適用での基準である。有力な学説は、これを、①ある表現行為が近い将来、ある実質的害悪を引き起こす蓋然性が明白であること、②その実質的害悪が極めて重大であり、その重大な害悪の発生が時間的に切迫していること、③当該規制手段が右害悪を避けるのに必要不可欠であること、という3つの要件が論証された場合にはじめて、問題となっている表現行為を規制することが許される原理であると整理している。

第 6 講　表現の自由の基礎と現代的課題

　なお、全体的な参考文献として、ナイジェル・ウォーバートン（森村進・森村たまき訳）『「表現の自由」入門』（岩波書店、2015年）を強く勧めたい。

確認問題（8）

　表現の自由の意義について述べた次の文のうち誤っているものを一つ選びなさい。

1．一般に、表現の自由は、「思想の自由市場（free market of ideas）」を確保することによっていつか真理が発見されるという信念にその根拠があるという意見がある。

2．表現の自由は、自分の賛同しない意見を他者が表明する権利を守ることにあるという考え方は、JSミルが自由論で強調し、ヴォルテールが言ったとされる考え方であり、一般に自己実現の価値に資するといわれる。

3．一人ひとりの個人にとって、他者とのコミュニケーションを取らなければ人格的成長は望めないという意味で個人的意義の表現の自由があるといえる。

4．表現の自由の意義を強調する立場から主張されているのが、経済的自由権に対する表現の自由の優越性という、いわゆる「二重の基準論」という考え方である。

確認問題（9）

　表現の自由の制約について、判例の内容やその思想的背景について説明した文として明らかに誤っているものを一つ選びなさい。

1．いわゆる性表現規制は、定義づけ衡量の考え方を採用しており、「徒に性欲を興奮又は刺激せしめ、かつ、普通人の正常な性的羞恥心を害し、善良な性的道義観念に反するもの」はわいせつな文書・図画であって、刑法で罰せられることを合憲としている。

2．報道の自由は、憲法21条で保障されるというのが判例である。

3．名誉毀損表現は、公的人物に対するものであるときは、そもそも、事前抑制は許されない。事前抑制は、検閲に当たるからである。

4．取材の自由は、憲法21条によって尊重されるが、制限は可能であるというのが判例である。

確認問題（10）

　表現の自由の規制について述べた次の選択肢のうち、判例・通説に照らしてもっとも適切なものを一つ選びなさい。

第6講　表現の自由の基礎と現代的課題

1．著作権法による出版物に対する規制は、憲法21条で保障された表現の自由に対する規制として憲法上の疑義はないという明示的な判例が2018年に出されている。

2．態様規制の一種である、道路交通妨害規制としての公安条例によるデモ行進の許可制は、検閲にあたり違憲である。

3．美観の維持という観点から軽犯罪法などでビラの配布が禁じられており、最高裁でもビラ配布のために防衛庁宿舎敷地内に立ち入ったことを住居侵入罪で罰することを合憲と判断している。

4．ヘイトスピーチ規制に関して、本邦外出身者に対する不当な差別的言動の解消に向けた取組の推進に関する法律」は、ヘイトスピーチを警察による注意勧告にも拘わらず繰り返した場合に、100万円以下の罰金または1年以下の懲役もしくはその双方を科すことを規定した点で画期的といえる。

研究課題（４）

・表現の自由が重要な人権であるといわれるのはなぜか。

第7講　経済的自由の現代的課題

1．財産権以外の経済的自由

(1) 居住移転の自由

　「居住・移転」の自由は、国がそれを妨げないという「消極的自由」だけで確保できるのか。そもそも職業選択の自由が経済的自由であるというのはわかりやすいが、特に22条のその他の文言は経済的自由と無関係にもみえる。そこで歴史を振り返ってみよう。

　明治憲法は、国内における居住移転の自由を規定した。「日本臣民ハ法律ノ範囲内ニ於テ居住及移転ノ自由ヲ有ス」（明治憲法22条）との規定がそれである。**そもそも居住移転の自由が、就きたい職業に就けるようにする、という意味合いも持っていたと考えられる**もので、日本国憲法の規定は、その意味で確認規定である。しかし、単に明治憲法下において認められていた以上に、新たな意味も、条文の解釈として成立しうる余地があるのではないかと考えられる。学説上は、当時既に日本国憲法22条1項で保障されると解されているほぼ全ての権利が読み込み得るとされていた（美濃部達吉）。居住の自由権は、**封建的な土地への束縛からの解放を意味するもの**で、およそ権利宣言においては、あまりにも当然の前提として、あえて触れられてすらこなかった。**日本国憲法の制定過程**において、居住権に関する規定は次のような変遷を経てきている。1946年2月1日に毎日新聞に掲載された、憲法問題調査委員会試案では、22条として、「日本臣民は居住移転の自由及移転の自由並に職業の自由を有す、公益のため必要なる制限は法律の定る所に依る」と規定された。この時点では、先に見た明治憲法の条文とほとんど異ならない。しかし、民生局長のための覚書（人権の章についての小委員会案）では、「移転及び本居の選択の自由は、一般の福祉に反しない限り、すべての人に対して保障される〔以下略〕」となった。そしていわゆるマッカーサー草案では「第21条結社、移転および住居の選択の自由は、一般の福祉に反しない限り、すべての人に対して保障される〔以下略〕」と規定された。さらに結社の自由が表現の自由につき規

定する条項に移され、現行の22条となったのである。歴史的にも論理的にも、居住移転の自由は、多面的な性質を持っているものである。居住移転の自由については、**経済的自由の性格、人身の自由の側面、表現の自由との関連、個人の人格形成の基盤としての意義の四つがその本質として挙げられる**（中村睦男）。制定過程で「移動の自由は、その人間の活動領域を拡大することによって、知識を広め、その人間的成長をうながすにとどまらず、新しい人間交渉の場を取得せしめる機会を提供することによって、人格形成に不可欠の条件を構成する」ことが認識されていたことからも、**居住移転の自由の持つ、人格形成の基盤としての意義の重要性を再認識する必要性がある**と解される。

　ここで憲法22条が規定している、「居住移転の自由」の解釈についてまとめておこう。居住移転の自由につき文理上問題となるのは、**公共の福祉**である。居住移転の自由にはかからないとする説、政策的考慮からの制約を認める説、文言上は居住移転の自由も公共の福祉による制限を受けるが、規制目的が居住移転の自由のうち民主制の本質的自由に関わり、経済的自由と関連がないときには、精神的自由に近似した基準で当該制約の妥当性が判断されるべきであるとの説がある。第一説は一見妥当であるが、あまりに文理を無視していると解されること、第二説は文理に拘泥しすぎていることから妥当でないと解される。この点、第三説は、文理にも一定の配慮をなしており、また沿革的考察と権利の性質についての深い洞察のうえに、人格形成の基盤としての意義の重要性と経済的自由の側面をも持つことを強調して、さらに世界人権宣言13条が居住移転の自由と出国及び帰国の自由を宣言し、別に23条で労働・職業の自由な選択の権利につき宣言し、また自由権規約が12条で居住移転の自由を定め、社会権規約6条が職業選択等の保障につき定めている、というような、第二次大戦後の国際的文書の規定方式が、「現代の社会において、居住移転の自由と経済的自由との間に**本質的な区別がおかれるべきことを示唆している**」（中村睦男）。したがって、第三説が妥当であると解される。なお居住移転の自由に限ってみれば、判例は、外国人が、居住権を在留資格更新との関係で援用して申し立てた事件は、ほとんど上級審に繋属していない。原告側が援用したとしても、最終的には判決上否定されている〔在日韓国人再入国不許可処分取消訴訟第1審判決（福岡地判平元（1989）・9・2昭61（行ウ）15号）、マクリーン事

件・最大判昭53（1978）・10・4民集32-7-1223など]。

（2）職業選択の自由・営業の自由

　明治憲法時代、判例は、職業選択の自由の一環として、現在憲法22条により保障されると解される「営業の自由」につき、「居住及移転ノ自由」の中に含まれないと解していた［大判大5（1916）・11・15刑録22-1774］し、公的な注釈書もそう解していた（憲法義解）。江戸時代に身分制が敷かれ、移動の自由が制限されていたことは、同時に職業選択の自由に対する制限でもあったのである。そのため居住・移転の自由と職業選択の自由を共に保障する22条は、29条と併せてひとまとめに経済活動の自由と認識されてきた。しかし、「居住・移転の自由」は、「職業選択の自由」とは異なって経済活動にとどまらない問題と関わる。職業選択の自由に「営業の自由」が含まれると述べたけれど、憲法制定当初は「営業の自由」は「職業を行う自由」であるとの考え方の方が有力であったりする（判例も「選択した職業を遂行する自由である営業の自由」［最大判昭50（1975）・4・30民集29-4-572（薬事法距離制限規定違憲判決）]という）。しかし、それでは「営業」を「営利の目的で行う事業」と説明する通常の用語法とあまりにも離れすぎている。そこで、**営業の自由を、営利事業を行う自由ととらえる説**（尾吹）が適切である。より具体的には、職業遂行＝営業ととらえると、公務員も営業を行っていることになり、職務遂行中の警察官や消防官が営業を行っているというあまりにも非常識な結果となること、さらに、営利事業への新規参入許可を行政法上営業許可制と位置付けていることとも合致する（赤坂）。

　職業選択の規制例には①届出制②登録制③免許制④許可制⑤資格制⑥団体強制加入制⑦一元輸入措置・価格安定制度⑧特許制⑨職業自体を禁止するもの（売春防止法3条）などが挙げられよう（赤坂・小嶋）。

　これらに対して、**職業遂行それ自体、営業方法への規制**というのもあるが、これはそれこそ無数にある［薬事法49条1項、食品衛生法6条、不当景品類及び不当表示防止法4条、計量法11条、大気汚染防止法13条の2など］。

　経済活動については、判例では「著しく不合理であることの明白」でない限り、表現の自由などの精神活動の自由と呼ばれる領域では許されないような法

的規制措置も合憲であるとされる［最大判昭47（1972）・11・22刑集26- 9 -586（小売商業調整特別措置法違反事件（小売市場判決））］。しかし、現代においては経済的自由、ことに「職業選択の自由」と「営業の自由」の制限に関する判例の枠組みはそう単純ではない。従来の判例は職業選択の自由に関して、公共の福祉のために「著しく不合理であることの明白」でないかぎり合憲という非常に緩やかな基準に基づく判断をしていた。言い換えれば、法律が目的規定で合理的であると解し得る時には、憲法適合性についてはまともに取り組んでいなかったのである。けれども、小売市場判決における判断枠組みを精緻化した薬局距離制限違憲判決［最大判昭50（1975）・ 4 ・ 4 民集29- 4 -572］において、公衆の健康衛生を守るための規制（警察目的規制・やむを得ない目的のための規制という意味で消極目的規制とも言われる）と、経済的な政策目的実現のための規制（経済活動それ自体に内在するような消極目的規制とは異なるという意味で積極目的規制とも言われる）とでは、憲法適合性に関する審査の程度・密度は異なってしかるべきと判示されてから問題が複雑化した。

　薬局距離制限違憲判決は、「予防的措置として職業の自由に対する大きな制約である薬局の開設等の地域的制限が憲法上是認されるためには、単に右のような意味において国民の保健上の必要性がないとはいえないというだけでは足りず、このような制限を施さなければ右措置による職業の自由の制約と均衡を失しない程度において国民の保健に対する危険を生じさせるおそれのあることが、合理的に認められることを必要とするというべきである」と述べて、薬事法（現在の薬機法）を違憲とした。より緩やかな制限が可能かどうかを検討していて、かなり厳格な基準に立って審査をしていることが伺える。他方で、1955年の公衆浴場距離制限合憲判決［最大判昭30（1955）・ 1 ・26刑集 9 - 1 -89］は覆されることなく、1989年にも、公衆衛生に不可欠な施設としてその経営安定化を図るという積極目的規制を合理的な規制として合憲とされた［最二小判平元（1989）・ 1 ・20刑集43- 1 - 1 ］。なお同年、公衆浴場の適正配置に関する規定は、「公衆浴場が自家風呂を持たない国民にとって日常生活上不可欠な厚生施設であり、入浴料金が物価統制令により低額に統制されていること、利用者の範囲が地域的に限定されているため企業としての弾力性に乏しいこと、自家風呂の普及に伴い公衆浴場業の営業が困難になっていることなど」に

照らせば、「既存公衆浴場業者の経営の安定を図ることにより、自家風呂を持たない国民にとって必要不可欠な厚生施設である公衆浴場自体を確保しようとすることも、その目的としているものと解されるので」、このような規制は「必要且つ合理的な範囲内の手段である」から合憲であるとの判決がある［最三小判平元（1989）・3・7判時1308-111］。必ずしも理由付けが同じとは言えず、結局**立法事実を精査して必要最小限度の規制になっているかどうかを審理**している。つまり**規制の手段を審査**しているので、薬事法違憲判決までに提示されたように見えた**積極目的か消極目的かというのは、憲法違反かどうかを審査する際に一要素に過ぎない**ようである。

ここで、裁判所が憲法判断をする際の手法を、以上の記述に即して整理しておく。経済的自由のみならず、実は広く権利の制限について考察するときに判例が用いている判断枠組みであるので、是非理解しておいてほしい。

```
違憲審査の方法    共通：立法事実の精査

    目  的    消極目的／積極目的
                ↑
                   実質的関連性

                   合理的関連／厳格な基準

    手  段…必要最小限度か？ LRA ／憲法13条反対解釈
```

(3) 海外移住・国籍離脱の自由

22条2項は海外に移住する自由と、国籍を離脱する自由を規定する。**国籍変更を伴わずに海外に移住する**こともあり得る現代社会に過ごす者からすると大仰な規定にも見えるかも知れないが、日本国憲法制定時には、海外への移住は、「もう日本には帰らない」という意思の表明であるのが普通であった。現代社会においては、**海外「旅行」**に関しては、判例はこの22条2項によって保障されるとしているが［最大判昭33（1958）・9・10民集12-13-1969］疑問である。むしろ海外旅行については**13条の幸福追求権の一種**と考える方がよい。現在のパスポートやビザの制度が経済的自由の観点を中心につくられているわ

けではないという点からも、このことは肯定されよう（伊藤・尾吹）。

　外国への帰化を容易にするのが「国籍離脱の自由」の本来想定している効果であるが、11世紀イギリスに典型的な封建制度の下での「国籍」は、国王への「永久忠誠」、すなわち「ひとたび臣民たれば永久に臣民たり」（Once a subject, always a subject）という発想にその淵源がある。これが近代国民国家において国籍概念に置き換わったのである。このような来歴から、英米法系の諸国では、国籍概念において、忠誠義務が重視されてきている。22条2項の「国籍離脱の自由」は、日本国憲法が、このような意味で近代国民国家の原則を採用していることを宣言しているものとみることが出来る。**日本国憲法が国民主権の憲法であることのひとつの表れであるともいえよう。22条が2項で保障する国籍離脱の自由は、10条が定める日本国籍の法定がどのような意味を持つかを考える上でも重要である。特に日本に長期滞在し、永住資格を有する人々を「市民」として扱う発想は、国際人権規約25条が国民nationalではなく市民citizenを用いていることを憲法解釈に生かす発想に結びつくであろう。**

2．財産権

（1）財産権条項─何が問題か？

　29条は、22条の職業選択の自由と並んで経済的自由権であると説明されるが、他の人権条項とは趣が異なる。29条の1項2項を深く考えずに読めば、**民法の財産権に関する規定を正当化するための規定にしか見えないであろう。**すなわち、1項2項は、読みようによっては、「後は民法を読んでください」という規定になってしまうのである。憲法がわざわざこのような規定を置いている意味は何であろうか。この点参考になるのは、**カナダ**である。カナダは1982年に法律で規定していた人権条項を憲法典化したが、その際に権利章典に財産権規定を置かなかったのである。**法律で内容が定められ、公的目的のために制限されることが多い財産権を、原理的な意味では「人権」と言い難いという立場から、**そのような規定に落ち着いたようであるが、もちろん、既存の法律で保障されていた財産権保障がなくなるわけではない。さて、3項は「私有財産は、正当な補償の下に、これを公共のために用ひることができる」と規定する。国が飛行場や高速道路の建築を行おうとするにあたって、個人の土地等を

第7講 経済的自由の現代的課題

強制的に収容することを肯定する規定である。「正当な補償」が何を意味するかでこの3項の意味が決まることになる。さらに問題になるのは、2項がいう「公共の福祉」と、3項がいう「公共のために」が同じ意味なのか、である。判例に従えば、29条1項及び2項は「私有財産制を保障しているのみのでなく、社会経済的活動の基礎をなす国民の個々の財産権につきこれを基本的人権として保障するとともに、社会全体の利益を考慮して財産権に対し制約を加える必要性が増大するに至つたため、立法府は公共の福祉に適合する限り財産権について規制を加えることができる」ことを意味する［最大判昭62（1987）・4・22民集41-3-408・判時1227-21（**森林法共有林規定違憲判決**）］。

「私有財産制を保障している」というのはどういうことかを少し考えてみよう。学説は、私有財産制度を保障しているということをもって「制度的保障」規定であるという。「制度的保障」は、熟語としての発端はともかくとして、憲法学上の用語としてはカール・シュミット（Carl Schmitt, 1888-1985）によって用いられたのを嚆矢とする。シュミットの用語法は独特なので注意が必要である。最近ではわざわざ制度的保障という必要はないという解釈が有力である。ワイマール憲法153条が憲法29条と類似していることが原因の一つと考えられる。シュミットは『憲法理論』の中で「ワイマール憲法によれば、伝統的な**所有権概念の中身である『処分の自由』**…が、列挙された個々の権利の総和に転化されるような仕方で、法律により私的所有権の内容を規定することは、許されないであろう。第1命題では、所有権の保障は、無内容な名目のみの憲法律的保障としてではなくて、ひとつの原則の承認として意図されているのである。なぜなら、私的所有権をぬきにした市民的法治国はありえず、かつワイマール憲法は市民的―法治国的憲法たらんとしているのであるから」と述べる。財産権の前提は、単独所有の原則である。これが**立法権によっても侵害してはならない財産権の中核である**ということで、制度的保障という用語をあえて用いる必要はないが、シュミットの用語法に準ずると**私有財産制の制度的保障**となる。こう解することで無内容な規定ではなくなり、社会主義や共産主義にならった制度を導入できないということを意味することになる。この意味で、明治憲法が「日本臣民ハ其ノ所有権ヲ侵サルヽコトナシ」（27条1項）とした上で、「公益ノ為必要ナル処分ハ法律ノ定ムル所ニ依ル」（27条2項）と規

定していたのと、「補償」が明示されていない違いはあるものの、日本国憲法も基本的には大きな違いはない（国家総動員法にすら実効性はともかく補償規定があった）。そのことが、民法財産編に関する規定が基本的には明治憲法下と同じままで維持されていることに現れていると見ることもできよう。

　ここで判例にみる財産権規定の解釈について**森林法共有林規定違憲判決**を見よう。同判決は共有森林について、持分価額2分の1以下の共有者に分割請求権を否定していた旧森林法186条は、憲法29条2項及び民法256条の趣旨に適合しないとの判決であって、財産権規定に関する初めての違憲判決である。同判決は、森林法の目的を、「森林の細分化を防止することによつて森林経営の安定を図り、ひいては森林の保護培養と森林の生産力の増進を図り、もつて国民経済の発展に資することにあると解すべき」とする。しかし、「森林法186条が共有森林につき持分価額2分の1以下の共有者に民法の右規定〔256条〕の適用を排除した結果は、…事態の永続化を招くだけであつて、当該森林の経営の安定化に資することにはならず、森林法186条の立法目的と同条が共有森林につき持分価額2分の1以下の共有者に分割請求権を否定したこととの間に合理的関連性」はない。「……森林法186条が共有森林につき持分価額2分の1以下の共有者に民法256条1項所定の分割請求権を否定しているのは、森林法186条の立法目的との関係において、**合理性と必要性のいずれをも肯定することのできないことが明らかであ**」る。「この点に関する立法府の判断は、その合理的裁量の範囲を超える」。「したがつて、同条は、憲法29条2項に違反し、無効というべきであるから、共有森林につき持分価額2分の1以下の共有者についても民法256条1項本文の適用があるものというべきである」。以上のように極めて厳格な審査を行っている。職業選択の自由に関する判例が、薬局距離制限違憲判決を除くと、比較的あっさりと法律の合理性を認めていることと対照的である上、目的そのものよりも、その目的達成の手段の適切性を審査していることが印象的である。ただ、よく読むと、要するに民法の前提する単独所有の原則が、憲法29条の想定する財産権制度として適切であると主張しているようにも読める。本判決をどのように評価するのかは議論が分かれている。なお近年の判決（証券取引法事件判決）は、積極目的規制だから合憲であるというよりも、個別事例毎の比較考量が判断の決め手になっているようである。

（2）正当な補償

　さて、米軍占領下であった時期に、29条3項にいう正当な補償のことを「その当時の経済状態において成立することを考えられる価格に基き、合理的に算出された相当な額をいうのであつて、必しも常にかかる価格と完全に一致することを要するものでないと解するを相当とする」[最大判昭28（1953）・12・23民集7-13-1523・判時18-3（**農地改革事件**）]とした判決があったが、占領下の特殊な事例で、一般化すべきではない。では、29条3項の「正当な補償」の意味を直接に判示した判決はあるのだろうか。無償撤去を条件とする建築許可について、都市計画法を合憲とした判決[最大判昭33（1958）・4・9民集12-5-717・判時151-17]や、河川附近地制限令4条2号が補償規定をおいていないことを合憲とした（しかし憲法29条3項を直接の根拠として補償請求をすることを肯定した）判決[最大判昭43（1968）・11・27刑集22-12-1402・判時538-12]でははっきりとは示されていない。しかし、昭和42年法74号による改正前の土地収用法72条によって**補償すべき相当な価格**を「**完全な補償**」の**趣旨である**と判示したことはある（最一小判昭48（1973）・10・18民集27-9-1210）]。結局、最高裁も「道路拡張のための土地収用のように、**特定の財産の使用価値に立ち戻って収用が行われる場合には、市場価格による完全補償がなされなければならない**」（芦部）と解しているのである。いずれにしても、土地を収用された家屋の住人のような**特別の犠牲**には**完全補償**をもって対応するのが基本である。

　応用に属する事例として**予防接種禍訴訟**がある。判決においては、「一般社会を伝染病から集団的に防衛するためになされた予防接種により、その生命、身体について**特別の犠牲**を強いられた各被害児及びその両親に対し、右犠牲による損失を、これら個人の者のみの負担に帰せしめてしまうことは、生命・自由・幸福追求を規定する憲法13条、法の下の平等と差別の禁止を規定する同14条1項、更には、国民の生存権を保障する旨を規定する同25条のそれらの法の精神に反する…」。憲法29条3項の規定からすれば、「**公共のためにする財産権の制限が社会生活上一般に受忍すべきものとされる限度を超え、特定の個人に対し、特別の財産上の犠牲を強いるものである場合**には、これについて損失補償を認めた規定がなくても、直接憲法29条3項を根拠として補償請求をするこ

とができないわけではないと解される」。そして、「憲法13条後段、25条1項の規定の趣旨に照らせば、財産上特別の犠牲が課せられた場合と**生命、身体に対し特別の犠牲が課せられた場合とで、後者の方を不利に扱うことが許されるとする合理的理由は全くない**」。したがって、予防接種禍犠牲者に対しては憲法29条3項が類推適用される。「本件各事故により損失を蒙った各被害児及びその両親が、被告国に対し、損失の正当な補償を請求できると解する以上、[予防接種に関する]救済制度が法制化されていても、かかる救済制度による補償額が正当な補償額に達しない限り、その差額についてなお補償請求をなしうるのは当然のことであると解される」[東京地判昭59（1984）・5・18判時1118-28・判夕527-165]との判決が、地方裁判所レベルの判決ではあるが、29条3項に関する学説の到達点を適切に取り入れていて参考になる。

以上のように少なくとも学説は「正当な補償」は「相当な補償」と読み替えられるべきではなく、「完全な補償」であるべきだと主張している。

次に近年大きな問題となっている、臓器移植問題が、財産権の解釈と関連するという主張を検討する。

（3）臓器移植問題と財産権論─なぜ「臓器移植問題」と「財産権」が関係するのか？

臓器移植は、そもそも財産権論と関係あるのだろうか、別の問題なのではないか、と疑問に思うかもしれない。しかし、車の免許や、健康保険証に関わって、「臓器提供意思」を記入したことがある人もいるだろう。あの記入に際して、疑問に思ったことはないだろうか。この問題は、脳死の問題、人の「死」をどのように考えるかの問題とも関わる。すなわち、13条が、「自己決定権」を定めていると解釈する立場から問題とするのである。しかし、**自分の臓器を提供するか否かを自分が決定する**、というのは、たしかに「自己決定」には違いないが、そもそも「**臓器**」を、**自分自身から分離可能な「物」とみなしている**側面はないだろうか。自分の肝臓や心臓は、「自分の物」だから、それを自分の死後どのように用いるかは自分が決定できるという思考が、「臓器提供意思」の決定の背後にはあるはずである。そのような思考は、**自分の体を、自分自身が「所有している」**との発想と接近する。

第 7 講　経済的自由の現代的課題

　それでは、29条の財産権規定は、このような「自分の体に対して自分が所有権を主張する」という思考を許容しているか。注意が必要なのは、臓器提供というのは、何よりも「脳死」を人の「死」であると定義しない限り、臓器の摘出が、殺人罪を構成する（刑法199条）ことである。したがって、この問題は、尊厳死・安楽死の問題とも密接に関わる。尊厳死・安楽死の問題は、従来刑法学で問われてきたが、すでに触れたように、13条の自己決定権の問題と考えられてきた。けれども、実は自己所有という考え方は、ジョン・ロックにまでさかのぼることが出来る。ロックは次のように述べている。「たとえ、大地と、すべての下級の被造物とが万人の共有物であるとしても、人は誰でも、自分自身の身体に関する固有権（a Property in his own Person）をもつ」（ジョン・ロック『統治二論』）。ここで「固有権」と訳出されているProperty は、財産権ないし所有権ではないか、と思う読者もいるだろう。実際、「所有権」と訳している訳書も多い。また「自然権」と訳す立場もある。ここでは**《自分自身の身体に関するプロパティを人は誰でも持っている》、というテーゼが、現在の自己所有権という発想の淵源である**ことを確認しておくにとどめよう。しかし財産権について規定する民法や刑法がここで述べたような解釈を否定していれば、少なくとも実務上は、29条についてこのような解釈をとる余地はない。例えば、民法85条は所有権の対象を「物」であると規定している。ここでいう「物」はあくまで外界の一部であって、生きている人間の身体は所有権の対象とはならない。もう少し詳しく言えば、「『物』の定義に人間の身体は含まれない」［工藤達朗「第13章　身体・財産・職業」赤坂正浩・井上典之・大沢秀介・工藤達朗『ファーストステップ憲法 First Step to Constitutional Law』（有斐閣、2005年）176-177頁］。そもそも憲法18条が奴隷的拘束を明文で禁止している以上、これは言うまでもないともいえる。しかしこのような理屈からしても、他人に対してはともかく、必ずしも**自分の臓器に対する所有権を否定する根拠とはならない**。けれども、**自己所有権、自己の身体に対する自己の所有権を認めてしまうと、臓器売買や自ら望んで奴隷になること、自殺な**どを禁止できなくなる。刑法を見れば、前二者はともかく、自殺そのものは明文では禁止されない。死去と同時に罰せられる対象がいなくなってしまうのだから当然ともいえるが、自殺関与や同意殺人は罰せられる（刑法202条）し、

その未遂も罰せられる（同203条）。前二者は、民法上は公序良俗違反の法律行為として無効となるだろう。

　そもそも、臓器売買の場合に死去（脳死）した後に心臓などを提供する場合、その臓器に対して所有を主張する「私」とは、いったい誰なのか、身体と心をそんなにきれいに分離して考えることができるのか、といった問題が生ずる。これは争いのある法哲学上の課題となるので、ここでは立ち入らない。

　さて、予防接種禍事件に関する判決では財産権ですら補償を受けるのだから、まして身体や生命は補償を受けないわけがないというロジックが使われていた。言い換えれば、人間の身体を「私有財産」とは別のものと見ていなければ、この判決の理屈は成り立たないのである。さらに二重の基準論との関係でも自己所有権という考え方は難点がある。ロックにその淵源を持つもので「所有権」を極めて重要なものと考えている。所有権が、憲法学で言う自然権と同一視されるからこそ「自己所有権」を重視するのであって、精神的自由と経済的自由というような区別はしないことになる。自己所有権を認める考え方に立つと、憲法の人権規定について根本的な再解釈が必要になってくるのである。

　「臓器の移植に関する法律」（臓器移植法）は「臓器」を「人の心臓、肺、肝臓、腎臓その他厚生労働省令で定める内臓及び眼球」（5条）と定義し、臓器の摘出について6条で詳細な規定を置いている。6条の2が「移植術に使用されるための臓器を死亡した後に提供する意思を書面により表示している者又は表示しようとする者は、その意思の表示に併せて、親族に対し当該臓器を優先的に提供する意思を書面により表示することができる」と定めており、一見自己所有権に親和的にも見えるのであるが、臓器売買は当然のように禁止されている（11条）ことからすれば、そうではないようにも思える。この臓器移植法によって臓器提供意志表示の免許証などへの記載や臓器提供意志カードの実質的な内容が定められているのであるが、要するに折衷的な「落としどころ」を「玉虫色」的にまとめている法律なので、自己所有権という考え方を肯定しているようにも、そうでないようにも読めてしまうのである。さしあたっては、「実質的意味の憲法」としては、否定的に解さざるを得ない。そうでなければ、少なくとも判例の立場と首尾一貫しないからである。

第 7 講　経済的自由の現代的課題

確認問題（11）

　経済的自由に関する第 7 講の内容に照らして、明らかに誤っているものを一つ選びなさい。

1．憲法22条 1 項に定められている「職業選択の自由」に対する規制は、憲法13条が定める「公共の福祉」に基づく必要最小限度のものしか課すことが出来ない。

2．財産権についての憲法の規定は、所有権の排他性（個人所有の原則）を定めていると解するのが、判例の解釈として有力である。

3．臓器移植問題について、臓器移植法は、憲法29条 3 項にいう補償がなされるかどうかについては定めておらず、臓器売買を明文で禁止しており、判例に照らせば、臓器売買は将来的にも認められる余地はない。

4．憲法22条 1 項の居住・移転の自由は、憲法22条 1 項に規定されている「公共の福祉」による制限を受けるが、常に営業の自由などと同じ規制を受けるわけではないという解釈が、学説上有力である。

研究課題（5）

・森林法違憲判決において示された考え方を整理しなさい。

103

第8講　社会権の今

1．社会権の基本概説

(1) 生存権

　社会権を最初に憲法で規定したのが、1919年の、ドイツのワイマール憲法であった。代表的なのは**生存権**（25条）規定である。25条1項は「すべて国民は健康で文化的な最低限度の生活を営む権利を有する」と規定する。2項が「国は、すべての生活部面について、**社会福祉、社会保障及び公衆衛生の向上及び増進に努めなければならない**」と規定して、少なくともこれらに関する法律を制定しなければならないことが読み取れることは重要である。

　生活保護法は、「日本国憲法第25条に規定する理念に基き、国が生活に困窮するすべての国民に対し、その困窮の程度に応じ、必要な保護を行い、その最低限度の生活を保障するとともに、その自立を助長することを目的とする」（同法1条）法律である。そして、生活保護法11条は、保護の方法として、①生活扶助、②教育扶助、③住宅扶助、④医療扶助、⑤介護扶助、⑥出産扶助、⑦生業扶助、⑧葬祭扶助を挙げている（同条1号〜8号）。さらに、生活保護法14条は「住宅扶助は、困窮のため最低限度の生活を維持することのできない者に対して、左に掲げる事項の範囲内において行われる」として、①住居、②補修その他住宅の維持のために必要なものを挙げている（同条1号・2号）。生活保護法が「生活扶助は、被保護者の居宅において行うものとする。ただし、これによることができないとき、これによつては保護の目的を達しがたいとき、又は被保護者が希望したときは、被保護者を救護施設、更生施設若しくはその他の適当な施設に入所させ、若しくはこれらの施設に入所を委託し、又は私人の家庭に養護を委託して行うことができる」（30条1項）という保護方法の原則を宣言した上で、この但書は「被保護者の意に反して、入所又は養護を強制することができるものと解釈してはならない」（30条2項）と規定していることは重要である。

　判例に目を向けると、憲法25条のみでは具体的な権利であるとまでは言え

ず、生活保護法によって初めて与えられるものであるとの**朝日訴訟**［最大判昭42（1967）・5・24民集21-5-1043］における最高裁判決がある。いわゆる**プログラム規定説**で、ありていに言えば生存権は国家財政に余裕があるときにだけ保障されるものにすぎないというものである。批判も多いが、原則として、現在の政府は、このような立場に立っているのであるから、現行法を生かして解決していくのであれば、こういった条文に着目し、それを実質化していく努力こそが重要であるということになる。なお、判例はその後**抽象的権利説**（いったん法律が制定されたら、そこから基準下げてはならないが25条を具体化する法律がなければ具体的な請求権は生じない）や**具体的権利説**（25条を具体化する法律がないのは違憲であるという主張の他、憲法の他の規定や現代の経済状況などから法律をまたなくとも具体的な要求金額等を導き出せるとする説もある）へと発展してきたがかならずしもその後の有権解釈となってはいない（これらをまとめて**法的権利説**ともいう）。生涯福祉年金と児童扶養手当の併給制限を25条に違反しないとした**堀木訴訟**（最大判昭57・7・7民集36-7-1235）、障害基礎年金受給資格を、20歳以降障害を負った学生に無拠出制年金を制限する旧国民年金法を立法制裁量の範囲内とした**学生無年金障害者訴訟**（最二小判平19（2007）・9・28民集61-6-2345）、介護保険料を低所得者から特別徴収することは14条・25条に反しないとした判決もある（最三小判平18（2006）・3・28裁時1409-3）。ただし、2024年現在もっとも年度予算額が大きいのは社会保障費であることは留意しなければならない。

（2）教育を受ける権利

　また**教育を受ける権利**（26条）も規定されている。人間らしい生活をするためには、それぞれの人が、能力に応じた教育を受ける権利が必要だ、と考えられたのである。

　義務教育（26条2項）は学齢期の児童などを対象にしているのが原則ではあるが、26条1項の主語は「国民」であって、生涯教育なども念頭に置いていると解される。教育基本法4条1項の経済的地位による差別を禁じる規定からすれば生存権説的に26条を解する立場も一理ある。もっとも国全体の経済状況が改善すれば子どもの人格的成長に欠かせない教育を受ける権利が26条で保障さ

れているのだという学習権説も主張されている。ただし、以前は教育内容を決定するのはだれかが争われたこともあった。旭川学力テスト訴訟［最大判昭51（1976）・5・21刑集30-5-615］では国家が一方的に教育内容を決定するのも国民が自ら教育内容を決定するというのもいずれも極端であるという**折衷説**が示されている。

26条3項は義務教育を無償とするが、判例は、26条2項「の無償とは授業料不徴収の意味と解するのが相当」とし「授業料のほかに、教科書、学用品 その他教育に必要な一切の費用まで無償としなければならないことを定めたもの」ではない。それは「国の財政等の事情を考慮して立法政策の問題であるとする［昭和38（オ）361**義務教育費負担請求事件**・昭39（1964）・2・26最大判民集18-2-343］。

外国人労働者が増加した昨今においては外国人子女の義務教育課程について、日本語教育をどうするのか、就学案内をおくるだけでなく、学校への提出義務がある就学通知を外国人子女の保護者に送るべきではないかなどが問題となっている。

（3）労働者の権利

一般に最もよく知られている権利かも知れないのが**労働基本権［勤労の権利（27条）・労働三権（28条）］**であろう。

国は勤労の機会を提供しなければならない、という意味もある（27条）。

労働三権とは、労働者が団結して労働組合を作る権利（**団結権**）、労働者が組合として使用者と対等に話し合う権利（**団体交渉権**）、話し合いがまとまらないときにストライキなどを行う権利（**団体行動権＝争議権**）の三つの権利をさしている。そして、そのための法律として、**労働組合法・労働基準法・労働関係調整法**（併せて「労働三法」という）がつくられている。

なお、公務員は人事院が設けられていること、「全体の奉仕者」（15条2項）であることから争議行為等は制限されている（国家公務員法98条、地方公務員法37条・55条、地方公営企業等労働関係法11条、特定独立行政法人等の労働関係に関する法律17条）。国際人権規約の批准の際にも留保をしており、判例もこれを容認している［**全農林警職法事件**（最大判昭48（1973）・4・25刑集

27- 4 -547)、同趣旨の**岩教組学テ事件**（最大判昭51（1976）・5・21刑集30-5 -1178）および**全逓名古屋中郵事件**（最大判昭52（1977）・5・4刑集31- 3 -182）］。

2．社会権の発展問題

（1）居住権論との関係

　憲法が22条で定めている「居住移転の自由」は、どうぞ好きなところに住んでください、ということだけを意味するものと見るのは、問題がある。少なくとも、住むところを確保するためには、ある程度国家権力、あるいは地方自治体が援助の手を差し伸べなければ、特に狭い日本において住居を確保することはなかなかに難しいのではないか。東京や大阪のような大都市においてアパートやマンションを探したことがある人ならばすぐに気づくはずである。しかし、問題はこういう、ある意味で平常時の問題にとどまらない。

　阪神淡路大震災や、新潟の地震、そして2011年の東日本大震災、さらには2024年1月の能登半島地震などが引き起こした大惨事は、いまだ記憶に新しいところであろう。地震のときに、どのような問題が生じるか。地震で、あるいはその後に起きる火事で、家がなくなってしまうことである。こうなると、表現の自由だの、人身の自由だのといっていられない状態になる。そういうときに、少しでも復旧し始めると、「仮設住宅」が作られる。この「仮設住宅」は、**基本的に被害にあった自治体が提供する**のであるが、その法的根拠は何であろうか。基本的には**災害救助法**と**被災者生活再建支援法**である。後者は、実際には、各自治体が発行する罹災証明書に基づいて認定が行われる。被災者生活再建支援法は、「この法律は、自然災害によりその生活基盤に著しい被害を受けた者に対し、都道府県が相互扶助の観点から拠出した基金を活用して被災者生活再建支援金を支給するための措置を定めることにより、その生活の再建を支援し、もって住民の生活の安定と被災地の速やかな復興に資することを目的とする」（1条）。下線部は、元は「その自立した生活の開始を支援することを目的とする」と規定されていたもので、住民の生活の安定と、被災地の速やかな復興に資するという目的は東日本大震災を受けて目的規定に追加されたものである。

第 8 講　社会権の今

　このように、現在では住民の生活の安定や復興支援も目的規定に追加されているとはいえ、同法は、仮設住宅建設の根拠法ではない（一応災害救助法があるが万能ではない）。国土交通省の出す要綱を参考にしつつ、各自治体が条例などで行うのである。しかし、法的根拠が憲法と関連付けられていないのは、おかしいのではないか、という疑問が生じてはこないか。「要綱」は、行政の執行の指針を定めた内部規程に過ぎず、「法令」の根拠とは言えない。実際、行政指導の形で実現される、事実行為であると考えられている。法律上は、「行政機関がその任務又は所掌事務の範囲内において一定の行政目的を実現するため特定の者に一定の作為又は不作為を求める指導、勧告、助言その他の行為であって処分に該当しないもの」（行政手続法2条6号）を行政指導と言う。ここで「処分」というのは、「行政庁の処分その他公権力の行使に当たる行為」（同法2条2号）であって、「行政庁の処分その他公権力の行使に当たる行為〔中略〕の取り消しを求める」、「処分の取り消しの訴え」（行政事件訴訟法3条2項）を提起すべきものとされている。この「処分の取り消しの訴え」は、「行政庁の公権力の行使に関する不服の訴訟」である「抗告訴訟」（行政事件訴訟法3条1項）のうち、代表的な訴訟である。「処分」でないということは、裁判所にその不服を訴える途が閉ざされる可能性が高いということである。行政指導の形で行われているならば、行政手続法の適用される余地があるのだが（行政手続法32条〜36条）。

　こういった事情は、そもそも、仮設住宅の設置のような問題が、憲法と関連付けられて論じられることが少ないことから生じているように思われる。

　　なお、災害救助法による仮設住宅提供の概略については内閣府防災情報のWebsite内にある応急仮設住宅（1）総論https://www.bousai.go.jp/taisaku/pdf/sumai/sumai_5.pdfを、被災者生活再建支援法については、https://www.bousai.go.jp/taisaku/seikatsusaiken/shiensya.htmlをそれぞれ参照。

　ここで、福祉を専門にしている立場から主張されているのが、生存権的居住権論とでも言うべき、憲法25条からの「居住権」論である。おそらく、民法学者であった鈴木禄弥氏が、借家法の研究としてまとめた著書の中で主張された

ものが、その嚆矢である。

25条1項は、「すべて国民は、健康で文化的な最低限度の生活を営む権利を有する」と規定する。これに加えて、同条2項は「国は、すべての生活部面について、社会福祉、社会保障及び公衆衛生の向上及び増進に努めなければならない」と定めている。ここから、借家の法制度が、家を借りる人にとって有利なように作られなければならないという意味も読み取れるのではないか、というのが最初に主張された内容である。その後の研究などを見てみると、さらに、22条1項の「居住、移転…の自由」と併せて、**居住環境の整備が、国家の一定の責務である**ということが導かれると言えそうである。これは、13条が規定している「幸福追求に対する」権利とも関わる。このような視点があれば、少なくとも、現状よりはずっと被災者に配慮した政策が構想できるはずである。

憲法に基づく政策というものも、重要で、むしろ、身近な問題として憲法を考えていくときには、こういったアプローチも、意味を持ってくるのではなかろうか。

（2）ホームレス問題

（1）では、被災者の仮設住宅の問題をきっかけに、憲法との関連を考えてみた。次にいわゆるホームレスの問題についても考えてみることにしよう。

ホームレスになっているような人は、働く気がない人なのだから、いちいち国家がかかわる必要はないし、そんなのは憲法とは関係ない、と思うかもしれない。たしかにそういう人もいるかもしれないが、問題は、「働きたくても働けない」ために「ホームレス」になっている人もかなりいるということである。工場労働などで身体が不自由になり、しかし頼るべき家族もなく、やむを得ずホームレスになっている人もいる。そういう人たちの立ち直りを支援するために、ホームレスの寝泊り用施設の提供が行われている。このことは、どのようにとらえられるだろうか。いろいろな意見があるだろうが、感情的になっても何にもならない。いざとなったら自分もそうなるかもしれない、という視点が必要であろう。近年、ニートであるとか、ひきこもり、といった「レッテル張り」が行われている。ホームレスに対する感情的な反発も、そういったレ

ッテル張りによる印象がかなり大きな役割を果たしているのではなかろうか。

諸外国に目を向けると、例えば、EU諸国では、「住宅環境から排除された人」という形でホームレスを定義し（homelessやhomelessnessという語がよく用いられる）、さまざまな法律で支援策を設けている国が多い。

日本ではどうなのか。ここで、憲法25条を具体化した法律のうち、代表的なものである、**生活保護法**を見てみることにしよう。

さて、ここでの検討に密接に関係しそうなのは、**住宅扶助の方法**につき定める生活保護法33条である。特にその1項は「住宅扶助は、金銭給付によつて行うものとする。但し、これによることができないとき、これによることが適当でないとき、その他保護の目的を達するために必要があるときは、現物給付によつて行うことができる」と規定する。これは住宅だけ供与してもなかなか生活が立て直せない人が多いことから来ているらしいけれども、居住場所がない人に金銭だけ給付しても意味はないようにも思われる。もっとも近年は漫画喫茶などに長期滞在する「ホームレス」もいるので、そう単純ではない。さらに、生活保護法38条1項は、保護施設の種類として、①救護施設、②更生施設、③医療保護施設、④授産施設、⑤宿所提供施設を挙げている。⑤は、「住居のない要保護者の世帯に対して、住宅扶助を行うことを目的とする施設」である（生活保護法38条6項）。都道府県、市町村及び地方独立行政法人のほか、保護施設は、社会福祉法人及び日本赤十字社のみが設置することができ、これらの機関が、公的な義務として、生活保護法を実施するものとされているのである。そして、総括的な監督機関が、厚生労働省である（生活保護法第6章）。

2002（平成14）年になって制定され、2012（平成24）年そして2017（平成29）年6月21日に「ホームレスの自立の支援等に関する特別措置法」（平成29年法律68号）は「自立の意思がありながらホームレスとなることを余儀なくされた者が多数存在し、健康で文化的な生活を送ることができないでいるとともに、地域社会とのあつれきが生じつつある現状にかんがみ、ホームレスの自立の支援、ホームレスとなることを防止するための生活上の支援等に関し、国等の果たすべき責務を明らかにするとともに、ホームレスの人権に配慮し、かつ、地域社会の理解と協力を得つつ、必要な施策を講ずることにより、ホーム

レスに関する問題の解決に資することを目的とする」（1条）法律である。同法2条が「ホームレス」を、「都市公園、河川、道路、駅舎その他の施設を故なく起居の場所とし、日常生活を営んでいる者」と定義していることには疑問もあるが（「故なく」というのは、使用権限なくという意味であれば格別問題がないが）、ともかくも同法11条が「都市公園その他の公共の用に供する施設を管理する者は、当該施設をホームレスが起居の場所とすることによりその適正な利用が妨げられているときは、ホームレスの自立の支援等に関する施策との連携を図りつつ、法令の規定に基づき、当該施設の適正な利用を確保するために必要な措置をとるものとする」と定めたことにより、少なくとも代執行手続（行政代執行法参照）を経なければホームレスの「住居」等を撤去できないことになったと解される。

第 8 講　社会権の今

確認問題（12）

　社会権に関する次の選択肢のうち適切でないものを一つ選びなさい。

1．朝日訴訟最高裁判決によれば、憲法25条1項はすべての国民が健康で文化的な最低限度の生活を営み得るよう国政運営すべきことを国の責務として宣言したにとどまり、直接個々の国民に具体的権利を賦与したものではない。なにが健康で文化的な最低限度の生活であるかの認定判断は、厚生大臣の合目的的な裁量に委されており、その判断は直ちに違法の問題を生じない。

2．義務教育の無償の範囲は国の財政等の事情を考慮して立法政策の問題として解決すべき事柄であるというのが最高裁判決である。

3．労働基本権の行使が公務員に一部制限されていることは、違憲の疑いがあるとの最高裁判例がある。

4．生活保護基準以下の低所得者であって、市町民税が非課税とされるものにつき、条例に基づいて老齢基礎年金から介護保険料の免除措置を取らずに特別徴収したとしても、当該制度は経済的弱者を合理的理由なく差別したものではないし、特別徴収制度も著しく合理性を欠くとはいえないから、憲法14条・25条に違反しないとの最高裁判例がある。

113

第9講　現代の人権問題

1.「新しい人権」という考え方

(1)「新しい人権」論

　憲法の人権規定は、ここまで見てきたように、比較的充実したものである。けれども、少なくとも制定時に想定もされていなかった権利については問題がある。「表現の自由」との関わりで主張される「知る権利」については**第6講**で検討した。憲法前文の解釈問題に帰着する説もある平和的生存権については**第10講**で検討する。ここでは、「環境権」「プライバシー権」のみ検討しよう。

(2) 環境権

　環境権の思想は、1970年3月、国際社会科学評議会主催の公害国際会議で採択された、環境権の確立を求めた「東京宣言」が「人並みの生活環境を保持し、さらに美しい街並みや自然を守り、将来の世代へ残すべきである」と宣言したのを受けて、日弁連（日本弁護士連合会）が「環境権」を憲法13条及び25条に位置付けるべきとの運動を展開したのを端緒とする。1972年ストックホルムで開催された「国連人間環境会議」では「人は、尊厳と福祉を可能とする環境で、自由、平等及び十分な生活水準を享受する権利を有するとともに、現在及び将来の世代のために環境を保護し改善する厳粛な義務を負う」との宣言（人間環境宣言）が出された。こういった時代状況の中、環境権条項を導入する国が次第に増加してきた。日本では、先に触れたように13条の幸福追求権と25条の生存権から導かれるものと主張されたが、これは25条のみでは裁判上権利主張が困難であると考えられたからである。その後1993年に制定された環境基本法も、明文では宣言していない。環境権に対しては、①憲法13条も25条も、個々の国民に具体的請求権を付与したものではない、②権利の対象となる環境の範囲、地域等が不明である、③環境は、地域・時間を超えて人々が享受すべき公共物であり、個人の排他的支配の対象ではないといった批判的意見がある。環境権は、現在では①個別的環境権論、②公共信託論、③市民訴

115

訟論、④手続的環境権論に分けられる。①は、個人的利益に関して、日照権・静穏権・眺望権等が主張され、集団的利益に関して、入浜権・親水権・浄水享受権・景観権・歴史的環境権・自然享有権等が主張されており、広きに失する「環境」概念を用いることを断念しようとする。②は、市民は、公共の財産である環境の管理を国や地方公共団体に信託しているので、環境の破壊は信託違反であると主張するものである（例・米ミシガン州環境保護法）。③は、公共利益に関する訴訟は誰もが提起できるものと解すべきだとするものであるが、日本では現行法上かなり難しい。④は行政手続きへの市民参加の強化を中心的理念とするもので、行政法学者に支持者がいる。なお、環境権を正面から認めた判例はない。大阪空港公害訴訟［最大判昭56（1981）・12・16民集35-10-1369］が代表的な判例であるが、環境権については否定的である。

（3）プライバシーの権利

　権利としてのプライバシー概念はどのように発達してきたのか。歴史的な沿革をたどると、プライバシーを「一人にしておいてもらう権利」（the right to be let alone）と定義した1890年に書かれたWarren & Brandeisの"Right to privacy"論文［Harvard Law Review Vol. IV, December 15, 1890, No.5］にまでさかのぼることができる。日本では1964年の「宴のあと」事件（東京地判昭39・9・28下民集15-9-2317・後述）で、ようやく司法レベルでこの問題が明示的に扱われることとなった。そこでは個人にとって私的な諸事実の公開が問題とされており、いずれにしても私法上のプライバシーが問題となっている。それにしてもこの日米のプライバシーが認識された時期の違いはどこからきているのか。従来これに与えられてきた説明は次のようなものである。一つには社会構造の違いがあげられる。つまり、単一民族説まで唱えられるほど、同質な社会であると意識する人間が多い日本社会と、そもそもの国家の成り立ちからして、移民の集まりであって、互いの類似性よりも、違いを意識せざるを得ない、異質な社会であるアメリカ社会、という違いである。これはパターナリズムへの態度、すなわち「お前のためだ」という理由で、子どもなど「保護」されるべき存在への対処の仕方が日米で異なっている（といわれる）ことに現れているという見解がある。つまり基本的に子どもの意思の尊重の上に

第9講　現代の人権問題

立つのか、子どもは不十分な存在であるから情報のシャットアウトを前提として行動する、という違いがあるというのである。換言すれば、子どもにプライバシーがあるという考えが社会構造上成り立ちにくかったのが日本であるということであって、このような考え方は社会全体に類推できるとも考えられるのである。もっとも、現代においては、このような違いは相対化されているのであって、さして気にする必要はないとも考えられる。以上のような背景に照らして、法的にはプライバシーはどのように定義されるのであろうか。まず、プライバシー権を、現代の日本の法体系内でより明確化する方法を考えてみよう。まずは類似する他概念との比較と、現象の分類とが実際的である。名誉毀損罪（刑法230条・なお民法709条参照）は、①名誉を「社会生活を営んでいる場合に生ずるその人の社会的評価、他者による評価」であるとした上で、②公然の（不特定多数に対する）事実提示を要件とし、③社会的評価の低下に対する救済を目的としている。これに対し「プライバシーの権利」は、そもそも①本人の精神的苦痛の救済が目的であって、②公開された事実の真否は問題とならない上に、③主観的精神的苦痛の存否の判定が求められる点で困難があり、④権利が一身専属的であるという特徴がある。またアメリカの私法学者・弁護士である W. L. Prosser の四分類［W. L. Prosser, "Privacy", *California Law Review,* vol. 48, August 1960, No.3, 383-423.］に従えば、プライバシーは「商業上の利益を目的とした個人の氏名・肖像・意見などの盗用」を意味する私事の営利的盗用、私生活への侵入（個人の物理的な孤独感・隔絶性への侵入）、私的事柄の公開（個人にとっての私的な諸事実についての公開）、誤解を生ずる表現（ある事実の公表により、公衆に対して誤った印象を与える）などの特徴を持つ。以上の検討を踏まえて、定義を整理する。**私人間の問題として認識されたプライバシーは「一人にしておいてもらう権利」、あるいは自分の私的情報の開示を制限するよう求める権利**として定義できる。類似概念との比較や、事象の分類から導かれる定義もこの延長線上にある。けれども行政国家化が進んだ現代社会においては、**プライバシーを「自己に関する情報をコントロールできる権利」**と定義しなければ不十分である。このような定義は**憲法13条の「幸福追求権」に含まれる**ものとの理解が有力であるが、このような理解は、「自分のライフスタイルをどこまで自分で決定できるか」という、同じく

117

13条が規定する個人の尊重と必然的に結びつく自己決定権の考え方を前提としている。すなわち、プライバシー権の定義は、最初に述べた背景に照らし、行政国家化が進展したことに伴って、変化せざるを得なかったと言えるのである。このような事情は、2005年4月に個人情報保護法が施行されたことにも現れているといえよう。

　プライバシーを憲法上の権利として正面から認める判決は実は多くない。古典的な影響力の大きな判例としては「宴のあと」事件判決が挙げられる。また近年表現の自由との関係で注目されたのは「石に泳ぐ魚」事件判決［⇒第6講3．(2)］である。「宴のあと」事件判決［東京地判昭39（1964）・9・28下民集15-9-2317］は、「プライバシーの侵害に対し法的な救済が与えられるためには、公開された内容が（イ）私生活上の事実または私生活上の事実らしく受け取られるおそれのあることがらであること、（ロ）一般人の感受性を基準にして当該私人の立場に立った場合公開を欲しないであろうと認められることがらであること、換言すれば一般人の感覚を基準として公開されることによって心理的な負担、不安を覚えるであろうと認められる事柄であること、（ハ）一般の人々に未だ知られていないことがらであることを必要とし、このような公開によって当該私人が実際に不快、不安の念を覚えたことを必要とする…」と判示している。明文根拠のない権利を説得的に認定するために、相当に詳細な判示を行っている。本来人権は「一般人の感覚」を根拠にはしがたいものであるが、「プライバシーを侵害された」という感覚は人によって異なるので、やむを得ないと解される。

　京都府学連事件［最大判昭44（1969）・12・24刑集23-12-1625］は、現行犯の場合であって、証拠保全の必要性及び緊急性が認められる場合は、本人の意思に反しても、警官が、令状なしで、容ぼうを撮影できる場合があると判示した。一応「肖像権」を認めてはいるが、結論としては、被告人は救済されていないのであって、リップサービスに過ぎないように思われる。**前科照会事件**［最三小判昭56（1981）・4・14民集35-3-620］では、「前科については、弁護士会が法令に基づいて照会を求めてきた場合であっても、その照会の目的・用途等を考慮して、その公表等の取り扱いには特段の慎重さが求められる」と判示された。この時期の判例としては、人権擁護的な判決で、プライバシーの

権利保護の観点からも注目される。また比較的要保護性を低く見積もられてきた「名簿」について**講演会参加者名簿事件**〔最二小判平15（2003）・9・12民集57-8-973〕が、学籍番号、氏名、住所及び電話番号は、プライバシーの中でも重要性の薄いものであるけれども、外国の元首を招いて行われる講演会のように、警備の必要性が極めて高い場合であっても、大学が警察当局に、それらの情報を、本人の承諾なしで提供することは許されない」と判示していることは注目に値する。

2．家族生活に関する権利と24条の現代的課題

（1）24条の法意

24条は「婚姻は、両性の合意のみに基いて成立し、夫婦が同等の権利を有することを基本として、相互の協力により、維持されなければならない」（1項）という婚姻についての原則を宣言した上で、「配偶者の選択、財産権、相続、住居の選定、離婚並びに婚姻及び家族に関するその他の事項に関しては、法律は、個人の尊厳と両性の本質的平等に立脚して、制定されなければならない」（2項）という立法に対する指示を規定する。従来の憲法に関する教科書は、平等の所で24条のことに若干触れて終わりということが多く、24条について個別の検討はあまりなされていなかった。

1946年2月26日の臨時閣議で配布されたマッカーサー草案は次のようなものであった。まず23条は「家庭は、人類社会の基礎であり、その伝統は、善きにつけ悪しきにつけ国全体に浸透する。婚姻は、両性が法律的にも社会的にも平等であることは争うべからざるものである〔との考え〕に基礎を置き、親の強制ではなく相互の合意に基づき、かつ男性の支配ではなく〔両性の〕協力により、維持されなければならない。これらの原理に反する法律は廃止され、それに代つて、配偶者の選択、財産権、相続、本居の選択、離婚並びに婚姻および家庭に関するその他の事項を、個人の尊厳と両性の本質的平等の見地に立つて規制する法律が制定さるべきである」と規定された。

日本国憲法の24条と比べると非常に詳細であることがわかる。またこれに続いて24条で「法律は、生活のすべての面につき、社会の福祉並びに自由、正義および民主主義の増進と伸張を目指すべきである」として、「無償の普通義務

教育を設けなければならない」「児童の搾取は、これを禁止する」「公衆衛生は、改善されなければならない」「社会保障を設けなければならない」「勤労条件、賃金および就労時間について、基準を定めなければならない」と、項目が列挙されていた。婚姻だけでなく子の福祉についても総合的な規定を置いていることから、内容的に**社会権規定の意味合いが強いように思われる。**これらの条文は、当時まだ20代であったベアテ・シロタ・ゴードン女史（Beate Sirota Gordon, 1923-2012）によって起草された。24条の解釈論として、多くの体系書や教科書が14条、平等条項の解説に合わせて簡単な言及しかしていないが、**社会保障との関係、家族をどう考えるのかといった観点から考察することの重要性を、**この沿革は図らずも示しているように思われる。

24条1項は、婚姻が、①「両性の合意のみに基いて成立」すること、②「夫婦が同等の権利を有する」こと、③「相互の協力により、維持されなければならない」ことを規定する。ここでいう「婚姻」が法的意味のそれであることは「成立」という言葉が用いられていることから明らかであるが、法律婚に限って24条1項が適用されるという意味では必ずしもない。内縁関係にある夫婦は、明治憲法下においてすでに、一定の保護は認められていたし、戦後、婚姻に準ずる関係として内縁が認められていることを指摘しておけば十分であろう。

24条2項は、「個人の尊厳と両性の本質的平等」に立脚して「配偶者の選択、財産権、相続、住居の選定、離婚並びに婚姻及び家族に関するその他の事項に関」する法律が制定されるべきと規定する。民法親族相続篇に関する諸規定を改正することが本条で義務付けられたのである。

婚姻・離婚・非嫡出子差別問題については人権総論の平等に関する議論で取り上げた［⇒第3講1.（2）②］。ここでは、明治憲法時代にはそもそも憲法問題と考えられていなかったが、実際には公的な制度として家族をとらえていた「イエ制度」「戸主制度」の問題点と、近年24条の問題としてクローズアップされつつある、同性婚問題を取り上げよう。

（2）日本国憲法の制定と家族法制度の改革

イエ制度（「家」制度）は、1890（明治23）年の旧民法で初めて規定された

第 9 講　現代の人権問題

わけではない。1868（明治元）年10月に京都府で**市中戸籍仕法及び郡中戸籍法が発せられたのを端緒とする**が、明治 4 年 4 月 4 日（1871年 5 月22日・当時はまだグレゴリオ暦［いわゆる西暦］が採用されていない［明治 5 年12月 2 日の翌日が明治 6 年 1 月 1 日＝1873年 1 月 1 日］）に太政官布告戸籍法、通称明治4 年戸籍法が制定された。明治 5 年 2 月から実際に戸籍編成が開始され、同年中に目処がついた。同法は、明治 5 年の干支をとって**壬申戸籍**とも呼ばれる。同法は臣民一般を等しく把握することを目的とし、「其住居ノ地ニ就テ之ヲ収メ専ラ遺スナキヲ旨」とした地域別編成方式が採用され、全人民が「戸」を単位として把握された。この「戸」が、戸籍法の規定した「戸籍同戸列次ノ順」によって秩序付けられた家族団体とされたのである。この戸籍法は、1882（明治15）年に戸籍規則案が作成され、1886（明治19）年に内務省令第19号出生死去出入寄留者届方（ 9 月）、同省令第22号戸籍取扱手続（10月）、同省訓令第20号戸籍登記書式（10月）が発せられて明治 4 年戸籍法が補充された。これらが、**明治民法で規定されるイエ制度の原形である**。

　この点、1880（明治13）年公布、1882（明治15）年施行された刑法で妾が否定されるまでは一夫一婦制が確立していなかった［新律綱領の五親等図では妾が 2 親等として認められていた］ことにも留意すべきであろう。1875（明治8 ）年12月、明治政府は婚姻・養子縁組、離婚・離縁は「仮令相対熟談ノ上ナリトモ双方戸籍ニ登記セサル内ハ其効ナキモノト看做ス」とされた（太政官第209号達）ことからも、**戸籍、そしてその登記を実際に行う戸主の権限が非常に強いものであったことが看取されよう。**

　明治憲法制定の翌年、帝國議会開催の年に制定された旧民法は、当時のお雇い外国人であったボアソナードを中心に起草され1890（明治23）年法律第28号（財産法の部分・ 4 月）及び第98号（身分法の部分・10月）として公布された。しかし、この旧民法は、1893（明治26）年に施行される予定であったが、結局施行されていない。旧民法を予定通り実施すべきとする断行派と、実施を延期すべきとする延期派との間で激しい論争が起きたからである（民法典論争）。結局、先に述べたように旧民法は施行されず、編成がインスティトゥティオーネン式［古代ローマで編纂された法学提要Institutionesに由来する、人、物、訴訟の区分で編纂された法典］からパンデクテン方式［古代ローマの

121

学説彙纂Digesta：ギリシア語でPandectae（日本語に直訳するとダイジェスト、要約ということであるが、共通する項目を総則として立てる体系的な法典編纂方式）〕に変更された。現行民法の基礎はこの法典論争を受けて1896（明治29）年4月27日法律第89号として公布された総則・物権・債権の三編と、1898（明治31）年6月21日に法律第9号として公布された親族・相続編が基本である〔合わせて明治民法とも呼ばれる〕が、前3編はともかくも、親族・相続編は旧民法とそれほど大幅に異なる立場に立っていたわけではない。

（3）明治時代の民法規定

　明治民法は妻の無能力を定め（明治民法14条1項）、また刑法は183条で、いわゆる「不倫」について女性だけを罰する姦通罪を置いていた。明治以前において、実際には夫の妻に対する支配権はそれほど強くなかったのであるが（江戸時代の慣習法では妻の着物を夫が勝手に処分したら離婚事由になっていた）、実は**フランス民法が夫は妻の財産を自由に支配できるもの**とされており、それが組み込まれたものであると言われている。いずれにせよ、改正前の明治民法では、何よりもまず相続は原則として一家の長子が継ぐ家督相続であり（964条～991条）、家族の婚姻に戸主の同意が必要とされ〔「家族カ婚姻又ハ養子縁組ヲ為スニハ戸主ノ同意ヲ得ルコトヲ要ス」（750条1項）〕、婚姻を自分の意思でできる年齢が高く（男30歳、女25歳未満は父母の同意が必要であった〔「男ハ満17年女ハ満15年ニ至ラサレハ婚姻ヲ為スコトヲ得ス」（765条）とされた。「子カ婚姻ヲ為スニハ其家ニ在ル父母ノ同意ヲ得ルコトヲ要ス但男カ満30年女カ満25年ニ達シタル後ハ此限ニ在ラス」（772条1項）との規定があった〕）、子に対する親権は原則として父のみが行使した〔当時の民法877条は「子ハ其家ニ在ル父ノ親権ニ服ス但独立ノ生計ヲ立ツル成年者ハ此限ニ在ラス」（1項）との原則を宣言し、「父カ知レサルトキ、死亡シタルトキ、家ヲ去リタルトキ又ハ親権ヲ行フコト能ハサルトキハ家ニ在ル母之ヲ行フ」（2項）として例外的に母が親権を行うこととされていた〕。住居の決定権が夫、つまり戸主にあった〔「家族ハ戸主ノ意ニ反シテ其居所ヲ定ムルコトヲ得ス」（749条1項）〕だけでなく、妻の財産に対して夫が管理権を有していた（798条～807条）。ある意味最も顕著な女性差別であったといって良いであろう。実際に

は、「女戸主」が認められていたことからも、単純に女性を差別していたというよりも、「戸主制度」のなかで、原則として女性が差別待遇を受けていたものの、イエそれ自体が維持すべき制度と考えられていたことが窺える。

(4) 憲法24条と民法親族・相続編の改正

憲法24条を受けて制定された、「日本国憲法の施行に伴う民法の応急的措置に関する法律」（昭22［1947］・4・19法74）は、ほとんどすべてが、明治民法の女性差別的規定を全面否定する規定であり、民法改正以前にその根幹は否定されていた。既に触れたように、憲法14条の性差別に関する問題としてこれらの諸規定と同様の立場で制定されている現行民法規定についても多くの問題が生じている。とはいえ、それは制定当時においては問題視されていなかった。日本国憲法制定の結果、**戸主制度が全面的に否定された民法**となったのは確かであって、13条と合わせて個人の尊重、個人の尊厳という**全体主義を否定する改正**であった。

(5) 夫婦同姓と選択的夫婦別姓制度

夫婦同姓の制度は未だに維持されている。たしかに、事実上夫の姓を名乗ることが多いにせよ、夫婦の協議で決まる以上違憲とまでは評価できない。もっとも「**夫婦」あるいは婚姻とは法的にどのような性質のものであるべきか**というのはなかなか確定しない。憲法24条をラディカルに徹底すると家族の解体につながるとすらいえるからである。選択的夫婦別姓制度導入は、推進派が別姓こそが基本で同姓を選択するのは封建的で時代遅れだとの極論の主張も見られ、かえって導入が遅れる原因となっている。

以上を踏まえた上でなお残るのは、1つは文言上は困難に思われる「同性婚が24条で保障を受けるか」、という問題である。

(6) 同性婚の問題

24条は「両性の合意のみ」で成立するのが婚姻であると規定する。生物学的意味の男女という意味での「両性」であれば、同性婚が保障される余地はないように見える。しかしながら、**24条が意図しているのは戸主に権限が集中さ**

れ、妻や子の権利が否定される、イエを公的な制度に組み込んでしまっていた旧制度を否定することなのであって、生物学的意味の男女間の婚姻のみを保護することが意図されていたとの理解は一面的ともいえる。

　反論としてよくあるのは、婚姻は、子を成すことが期待されているのだから、子が生まれる余地のない同性婚は否定されるべきだという主張である。一見問題がなさそうだが、よく考えてみると全然根拠がない主張である。セックスレスの夫婦であっても、それは離婚理由にはなり得ても、婚姻無効の根拠にはならない。なんらかの理由で子どもができないことがわかっていての婚姻もそれは無効とはならない。臨終に際して形だけ籍をいれるという、臨終婚すら有効である。

　憲法は、個人主義を採用し（13条）、24条も「個人の尊厳と両性の本質的平等に立脚」することを表明している。ここでいう「両性の本質的平等」は、ジェンダー論的な意味での性、すなわち生物学的な性別でなく、社会的文化的に後天的な立場からの性差をも考慮に入れると解することができれば、同性婚も許容しているとの解釈の余地がある。24条の英訳は両性を"both sexes"と訳出しているため、このような解釈は無理だとの立場が有力であるけれども、読者はどう考えただろうか。憲法改正を伴わなければ不可能だろうか。

　さらに近年の問題として、いわゆるLGBT理解増進法（令和5年6月23日に「性的指向及びジェンダーアイデンティティの多様性に関する国民の理解の増進に関する法律」が公布・施行された）の問題との関連がある。なお、より詳しい検討については、辻村みよ子・糠塚康江・谷田川知恵・髙佐智美『概説ジェンダーと人権〔第2版〕』（信山社、2025年）を参照。

3．新型コロナウイルス感染症対策と憲法

　ここでは、時事的トピックスとして、2024年末には一見終息したかにみえるものの、実際にはいまだ感染者が継続して存在している新型コロナウイルス感染症について、若干の考察をする。

　コロナ禍における人権の制限について、憲法上正当化可能なものと、正当化が困難なものとがあったと考えられるが、それをできる限り簡潔にまとめてみよう。

（1）感染症対策についての基本概観

　日本において感染症対策は、基本的に明治30年に制定された伝染病予防法（正式には「伝染病予防法、性病予防法および後天性免疫不全症候群の予防に関する法律」）を改正して制定された**感染症法**（感染症の予防及び感染症の患者に対する医療に関する法律（平成10年法律第114号））が**個々の感染者（患者）に対処する**厚生労働省所管である。

　国連WHOにより新型コロナウイルス感染症（COVID-19）のパンデミックが宣言されたのち2021年2月に改正され、COVID-19は、6条7項3号「**新型コロナウイルス感染症**（新たに人から人に伝染する能力を有することとなったコロナウイルスを病原体とする感染症であって、一般に国民が当該感染症に対する免疫を獲得していないことから、当該感染症の全国的かつ急速なまん延により国民の生命及び健康に重大な影響を与えるおそれがあると認められるものをいう。）」と定義された。

　他方、社会全体を守る、いわば**社会防衛のための法律**として**各種特措法**があるが、とりわけ新型コロナウイルス感染症について出された（もとは民主党政権時代に制定された**新型インフルエンザ等対策特別措置法**）を改正して政府は対処を行った。新型コロナウイルス感染症については、2021（令和3）年2月に「新型インフルエンザ等まん延防止等重点措置」（いわゆる**まん防**あるいは**重点措置**）を導入した。特措法2条3号の「国民の生命及び健康を保護し、並びに国民生活及び国民経済に及ぼす影響が最小となるようにするため、国及び地方公共団体がこの法律の規定により実施する措置」がそれであって、実施期間については「6月を超えてはならない」（特措法31条の4）とされた。特措法32条1項の**緊急事態宣言**は、その**宣言を発する主体は政策本部長としての内閣総理大臣**とされ（16条1項）、実施期間は2年を超えてはならない（32条2項）。緊急事態宣言の法律上の定義は「新型インフルエンザ等が国内で発生し、その全国的かつ急速なまん延により国民生活及び国民経済に甚大な影響を及ぼし、又はそのおそれがあるものとして政令で定める要件に該当する事態」である。

　これら二本の柱に従って日本では対策が行われた。かなり初期の段階で飛沫感染、空気感染（正確にはこれも飛沫感染であるようであるが）の危険性が

注目され、（1）換気の悪い密閉空間、（2）多数が集まる密集場所、（3）間近で会話や発声をする密接場面を避けるべきといういわゆる三密（首相官邸Website https://www.kantei.go.jp/jp/content/000061868.pdf）を避けるため、人流を抑制することが基本方針とされ、その目的達成手段として協力金の支給が行われた。

（2）憲法上正当化困難な施策

まず、なによりも新型コロナウイルス感染症がいかなる性質のものであるかが明らかでない段階で日本政府により発せられた全国の学校に対しての休校要請である。たしかに緊急避難的なものではあり、政治的にはやむを得ないとも評せられる。しかし、憲法上正当化できるかというと難しいであろう。学校設備の違いや、オンライン授業・オンデマンド講義を行うことが可能な学校も限られていたし、家庭内においても、特に未成年児童らについては、家庭に待機せざるを得ないことからとくに共働き家庭には大きな影響があった。

次に飲食店に対する休業要請措置やコンサート、ライブハウス、舞台など観客が密集する業態に対する休業要請などは、これも緊急避難的なものではあり、必要性も肯定されるが、あくまで「協力金」を出すことによる「自発的な協力を期待する」というものであった。いわば同調圧力による事実上の規制ともいえるものであって、法的にはグレーである。しかし、これは事実上憲法22条で保障されていると考えられる営業の自由を侵害するものではないか。また実質的に協力金が「補償」として不十分であると批判されたことからすれば財産権の侵害ともいえる（憲法29条）。

（3）憲法上の正当化が一応可能であると思われるもの

人流を抑制するという観点からの、地域間の移動、通勤通学の時間差推奨は移動の自由（22条1項）の制限と解される。ただし、罰則をもって禁じられていたわけではないことから、一応公共の福祉の観点から正当化可能である（22条1項）。

特措法に基づく緊急事態宣言はどうであろうか。これに関してはそもそも憲法25条が公衆衛生の確保を国家に義務付けていることからすれば、人権制限に

直接つながらない限り問題ないということもできる。**憲法13条にいう「公共の福祉」の範囲内であって、正当化可能**とも解される。しかし、特措法他条例にすら根拠を置かずに発せられた都道府県知事によって発せられた**地方自治体独自の緊急事態宣言については正当化が困難**であろう。必要性は理解できるが、法的には憲法22条、29条、31条以下の人身の自由に関する憲法違反の措置であったといえる。

　マスクの着用推奨についてはこれも憲法25条の公衆衛生の確保からすれば、一貫して罰則は設けられず法的には義務化もされなかったのであって、憲法上正当化可能である。一部の国民から「マスクを強制された」という主張がみられたが、法的には事実ではない。公共交通機関や病院などでマスクを着用せず消毒も拒むような事例が見られたが、これはむしろ他者加害原理からすれば、むしろ法的義務付けがあってもよかったと解される。

（4）全体的にやむを得ないものと思われるもの

　総じてそもそも感染症対策の本質と人権保障が相いれない点にある。感染症を徹底的に根絶するには、いわゆる**実効再生産数**（Rt：感染性の語 transmissibility に関する数値の意）**が1未満にならなければならない**とされる〔https://www.niid.go.jp/niid/ja/typhi-m/iasr-reference/2536-related-articles/related-articles-492/10177-492r02.html　国立感染症研究所 National Institute of Infectious Diseases による病原微生物検出情報 Infectious Agents Surveillance Report「新型コロナウイルス感染症の感染性」(IASR Vol. 42 p30-32：2021年2月号)〕。

　これは論理的には実効再生産数が1未満になるまで人流抑制の対策を続けることで感染症の「危険がなくなった」と判断されることを意味する。しかし、これは徹底的にやってしまうと経済活動が停滞してしまい、場合によっては国が滅びかねない。**ある程度抑えられたら感染症と「共存」せざるを得ない**ことになる。人権保障は本来的に他者加害に立つというのが近代国家の原則であり、その意味で環境法規やストーカー対策法も**「予防」と「原則としての事後対応」の調整をいかに考えるか**という観点が重要である。

　感染対策の憲法上の要請は、改めて確認すれば憲法 25条 2項であり、感染

症対策が憲法上の責務の履行であると同時に人権侵害の禁止も憲法の要請であることに困難さがある。感染症対策の基本は、適切な治療の提供と、実効再生産数を1未満に減少させることであり、社会全体への感染のまん延の防止は、特措法に基づき行われ（社会防衛）、個々の感染者への対応は感染症法に基づいて行われた。これを補うものとして国外からの病原菌流入に対する水際対策として、検疫法および入管法も用いられ、疾病に対する免疫効果の獲得を目指すためのワクチン接種は予防接種法が活用された。

　新型コロナ対策は、具体的かつ明確な法的根拠に基づく対策は（ことの性質上）少なく、概括的・包括的法的根拠に基づく対策や、法的根拠は一応あるが、当該対策をとることが認められているかどうかに争いの余地がある対策のほか、法的根拠がないものや法律に違反する対策も行われた［横大道聡「感染症対策と憲法問題〜その対策に法的根拠はあるか〜」日本記者クラブ「新型コロナウイルス」(77) https://s 3 -us-west-2.amazonaws.com/jnpc-prd-public-oregon/files/2021/12/47f455de-a77e- 4 f78-9177-28d44aa11cf7.pdf］。

　そもそも緊急事態宣言は本来予防的なものではないが、特措法45条 3 項「正当な理由がないのに」「要請応じない」業者に知事が「特に必要があると認めるときに限り」制裁的な命令を出すことができるというのは、やや強引な解釈はなかったか（グローバルダイニング社訴訟）。要請は実質的な命令ではなかったか。酒類提供の禁止が殊にそうであって、すでに述べたように、営業の自由侵害であったことは否めない。「入管法 5 条 1 項 14号に基づき、日本上陸前 14日以内に以下の国・地域に滞在歴がある外国人は、当分の間「特段の事情」がない限り、上陸を拒否する…」、検疫法16条の 2 第 2 項「必要な協力」については違憲とまでは言えないかもしれないが、違法であったと言わざるを得ないと思われる。これと関連し、入管法61条は「帰国の確認」と規定し、「帰国の許可」とはしていないのに、日本国籍を有する者についてまで、入国拒否・送還事例は国際慣習法上帰国の自由があること（最判平成 4 年 11月16日集民 166号 575頁）・世界人権宣言 13条 2 項、自由権規約 12条 4 項からすれば違憲と考えられる。さらに、持続化給付金・家賃支援給付金対象から性風俗営業を除外したことは、明らかな営業の自由の侵害であると解される［玉蟲由樹「性風俗営業に対する差別的取扱い」『法学セミナー』2023年 3 月号

（通算818号）6-11頁]。

　結局、新型コロナ対策は、**不可避的に目的に対して過剰になりがちであり**、他方本来的には人権制約は必要不可欠な手段なら合憲と解さざるを得ない。しばしば用いられる「法律上」の緊急事態（新型コロナウイルス感染症については特措法に基づくもの）では対処できない手段を政府がとるためには、憲法改正をすべきであるという主張も存在する（菅義偉・前総理大臣による「ロックダウンの手法は日本になじまない」との発言や加藤勝信・前官房長官による緊急事態条項を憲法に取り入れる絶好の契機であるとの発言など）。いずれにせよ、比例原則（憲法13条）からすると違憲の疑いがあるような法律が制定されかねないことも考えれば（宍戸常寿「新型コロナウイルス感染症と立憲主義」法律時報1161号（2021年））、立憲主義の根幹が根本から否定されかねないことから慎重な検討が必要であろう。

　[全体的な参考文献として①大林啓吾編『感染症と憲法』（青林書院、2021年）、②同編『コロナの憲法学』（弘文堂、2021年）、③木村俊介『パンデミックと行政法―特措法を総括し考える』（信山社、2023年）、④石村修・稲正樹・植野妙実子・永山茂樹編著『世界と日本のCOVID-19対応―立憲主義の視点から考える―』（敬文堂、2023年）がある]

4．参政権の現代的課題

（1）憲法15条と国民主権―選挙権・被選挙権と選挙制度

　15条1項は「公務員を選定し、及びこれを罷免することは、国民固有の権利である」と規定する。憲法が国民主権原理を採用している（前文1項・1条）ことの権利の側面への現れである。国会の「両議院は、全国民を代表する選挙された議員でこれを組織する」（43条1項）。そして「両議院の議員の定数」（43条2項）、「両議院の議員及びその選挙人の資格」（44条）を法律で定めるべきことが規定されている。仮に「法律で定める」との規定がなくとも、当然法律で定めなければならない。立憲主義は、立法府と行政府とが国民の代表者であることを定める憲法に従って政治が行われることを原則とするが、政治の基本的仕組みが全て憲法典に規定されることは希で、通常は国民の代表機関である議会の定める法律で詳細を規定することになる。これらを受けて公職選

挙法が制定されている。15条1項は、同条3項の「公務員の選挙については、成年者による普通選挙を保障する」（普通選挙の原則）との規定、及び4項の「すべて選挙における投票の秘密は、これを侵してはならない」（秘密投票の原則）との規定によって支えられている。また「両議院の議員及びその選挙人の資格は、法律でこれを定める」（44条第1文）が、平等を定める14条の原則からして当然に「人種、信条、性別、社会的身分、門地、教育、財産又は収入によつて差別してはならない」（44条但書・平等選挙の原則）。「選挙人は、その選択に関し公的にも私的にも責任を問はれない」（15条4項第2文）との規定との関連を重視して、最低限選挙で「公務員」を選出しなければならず、「公務員」の責任は次の選挙で落とされることで問われる、と理解する〔自由委任を原則として理解する〕にせよ、「罷免することができる」という点を重視して、リコールすら可能であると理解する〔命令委任を原則として理解する〕にせよ、国民が「主権者」であることと関連する。なお前述のように、ここで言う「公務員」は憲法上国会議員などを指す言葉であって、試験で選ばれる通常の意味での「公務員」は憲法上「官吏」（73条4号参照）という（99条も参照）。参政権の性質は、参政権を請願権や政治的表現の自由まで含める極めて広い概念であると考えることも一応可能だが、ここでは通常の用語法に従って選挙権と被選挙権について述べよう。

選挙権の性格ないし性質に関する学説には主として三種類ある。覚える必要はないが、憲法を考える上で重要な視点を提供するので、若干踏み込んで見ておこう。①選挙権は、選挙人団〔学説上の用語で、憲法には書かれていない〕の一員として国会を構成するための選挙で投票をする資格ないし公務であるとする説、②選挙権は、条文が「権利」と言っているのだから権利には違いないが、①のいうような意味での資格ないし公務であり、義務的投票制とも結びつく側面があることも否定できないという二元説ないし権限説、③日本国憲法の「国民主権」は「人民主権」を意味するのであり、選挙権は「人民主権」の権利としての側面を示すものであれば、それは個々の「人民」の主観的権利であるという権利説の3説である。ここで権限説や二元説と呼ばれる説の「公務」や「義務」とは、言わば「道義的なもの」である。③権利説が、「命令的委任」を強調する点と「人民主権論」を日本国憲法下で解釈論として主張する

第9講　現代の人権問題

意味には疑問もあり、この説をとるには躊躇もある。選挙権は「国民主権」原理を権利の側面から定めたものだとの解釈は多数説を形成し、判例も、一貫してこの前提に立っているようである。人権規定の体系的解釈として、参政権は「基本権を確保するための基本権」としての「政治的基本権」であるとの説（鵜飼）をも考慮すると、以下のように解すべきである。

　選挙権の主体は、個々の有権者である。「有権者団」ないし「選挙人団」という概念は「払拭されるべき、ドイツ国法学上の残滓」である（阪本昌成）。なぜなら選挙権の主体を個々の有権者であるととらえるならば個々の有権者はそれぞれ固有の利害関心を持った独立の一個人であり、選挙区制をとることが定められ（47条）選挙がそれぞれの地域を基礎として行われることからすれば「選挙人」（44条）は統一的意思（国権）を有する国家の法的単位とみなすことはできないからである。選挙権とは、技術的意味での権利としては、自らの投じた票を、そのものとして算えてもらうことができる権利［ケルゼン（Hans Kelsen, 1881-1973）説］であり、主体の側から見れば代表を選出するための主観的権利である。選挙権は個々の国民が統治者に対し有効にコントロールを及ぼすために重要な権利である。このように解釈すればその主体はまず「選挙人団」の構成員たる「国民」ではなく、少なくとも国籍保持者たる国民の権利であり、それ以上のことは選挙権の性質論から導き得ないと解される。また、かかる選挙権は、国政と地方において、その性質は異ならない。なお憲法に明文は見られないが、15条1項が選挙権と表裏一体のものとして被選挙権も保障しているものとされ［参照、最大判昭43（1968）・12・4刑集22-13-1425］、有効に被選挙人となることのできる権利能力である（美濃部達吉）と解される。ではその主体は国民に限定されるか。これは憲法の規定からすれば（44条）有権者たり得る者に限定されるが、国民主権原理と無関係であるとは言えず、判例も国民主権原理を理由に選挙権とともに外国人に対しては保障を否定する［①最二小判1993（平5）・2・26判時1452・37、判タ812・166平4（オ）第1928号損害賠償請求事件、②大阪地裁第二民事部判決・平3（行ウ）第27号選挙人名簿不登録処分に対する異議の申出却下決定取消請求事件・平3年（ワ）第2985号損害賠償請求事件（判タ848・117）、③福井地裁第二民事部1994（平6）・10・5判決、④最三小判1995（平7）・2・28平5（行ツ）163選挙人名

131

簿不登録処分に対する異議の申出却下決定取消請求事件（民集49・2・639）]
のであり、国民主権原理についての検討を経ることを要する。

　日本では衆議院議員選挙においては中選挙区制と呼ばれる、一つの選挙区か
ら複数の議院を選出する制度が長らく取られてきた。これは一選挙区から3人
〜5人の定数を選出する制度であった。選挙区とは、行政区分である都道府県
や市町村の境界とは別に、全国を区割りしたときの区分をいう。1889（明治
22）年と1919（大正8）年に小選挙区制が採用されたのを除くと、中選挙区制
は、1994（平成6）年に廃止され、小選挙区比例代表並立制が導入されること
になったのである。小選挙区制は、一つの選挙区に多くの候補者が立候補する
結果、当然死票が多く出る。2009（平成21）年の民主党、2012（平成24）年の
自民党はこの制度があったからこそ多くの議席を獲得したと言える。

（2）投票価値の平等

　平等原則ないし平等権については第3講で扱った。すでに言及した44条でも
平等選挙の原則を定めているし、14条は後述するように、差別の指標を列挙し
つつ、列挙されていない指標、特に個別的人権条項に規定された諸権利につい
ての平等原則を表明している。このような視点から、居住区域によって投票価
値に差があることが裁判で問われてきた。これは、議員定数不均衡訴訟と呼
ばれる。参議院議員選挙について当初の判例は立法政策の問題としてほとんど
具体的な検討をしていなかった［最大判昭39（1964）・2・5民集18-2-270]
が、1972（昭和47）年の衆議院議員選挙における1対4.99の格差に対しては違
憲判決を下した［最大判昭51（1976）・4・14民集30-3-223]。この違憲判決
は、行政事件訴訟法31条が規定する「事情判決」の手法を、法律上は否定され
ているにもかかわらず、結論として援用したため、批判も多い。これらの違憲
判決は中選挙区制下でのものであったが、1994（平成6）年に小選挙区比例代
表並立制を導入した公職選挙法改正時に、衆議院議員選挙区確定審議会設置法
は「審議会は、衆議院小選挙区選出議員の選挙区の改定に関し、調査審議し、
必要があると認めるときは、その改定案を作成して内閣総理大臣に勧告するも
のとする」（2条）とした上で、「前条の規定による改定案の作成は、各選挙
区の人口の均衡を図り、各選挙区の人口（官報で公示された最近の国勢調査又

第 9 講　現代の人権問題

はこれに準ずる全国的な人口調査の結果による人口をいう。以下同じ。）のうち、その最も多いものを最も少ないもので除して得た数が二以上とならないようにすることを基本とし、行政区画、地勢、交通等の事情を総合的に考慮して合理的に行わなければならない」（3条）と規定したため、原則として格差は1対2未満でなければならないはずである。しかし、その後の展開は決してそのような分かりやすい基準に立っているわけではない。ここでは判例の詳細な展開に立ち入るのは控えるが、そもそも投票価値の格差という問題は、人口過疎地域と過密地域の差であって、過疎地域に居住している人が、自分の選挙権は都会の人よりも価値が高いから不平等だなどと訴えるはずはないということも考えてみる必要はある。もっとも、2013年3月25日から27日にかけて一斉に報道されたように、2012年12月16日実施の衆議院議員選挙に関して各地で提起された訴訟に対して、広島高等裁判所及び同岡山支部で選挙無効の判決が出されたほか、多くの違憲判決が高裁段階で出されたため、今後最高裁の判決が変更される可能性があり、読者は十分注意して報道等に着目していただきたい。なお、2013年6月24日に、衆議院の定数が5議席削減され、2016年にさらに法改正によって議席が削減されたので2025年の衆議院の議席数は465人となっている〔⇒第11講2.〕。

確認問題（13）

　プライバシーの権利についての次の選択肢のうち適切でないものを一つ選びなさい。

1．プライバシーの権利は、憲法上明文で認められている。

2．私人間の問題として認識されたプライバシーは「一人にしておいてもらう権利」と定義できる。けれども行政国家化が進んだ現代社会においては、プライバシーの権利は「自己に関する情報をコントロールできる権利」と定義される。

3．「宴のあと」事件判決は、「プライバシーの侵害に対し法的な救済が与えられるためには、公開された内容が（イ）私生活上の事実または私生活上の事実らしく受け取られるおそれのあることがらであること、（ロ）一般人の感受性を基準にして当該私人の立場に立った場合公開を欲しないであろうと認められることがらであること、換言すれば一般人の感覚を基準として公開されることによって心理的な負担、不安を覚えるであろうと認められる事柄であること、（ハ）一般の人々に未だ知られていないことがらであることを必要とし、このような公開によって当該私人が実際に不快、不安の念を覚えたことを必要とする」と判示している。

4．講演会参加者名簿事件が、学籍番号、氏名、住所及び電話番号は、プライバシーの中でも重要性の薄いものであるけれども、外国の元首を招いて行われる講演会のように、警備の必要性が極めて高い場合であっても、大学が警察当局に、それらの情報を、本人の承諾なしで提供することは許されない」と判示した。

研究課題（6）

・新型コロナウイルス感染症対策として政府が行った施策の憲法上の問題点について論ぜよ。

第10講　平和主義の歴史と今

1．9条の制定史と主要な憲法9条の解釈学説

　制定史に鑑みると、明治憲法11条〜14条で天皇に付与されていた軍事に関する権限を否定することが9条、ことに2項の目的であった。軍政にかかわる明治憲法12条は内閣の輔弼の対象であった。しかし、軍の指揮命令権にかかわる明治憲法11条が定めていた「統帥権」が、1907年に制定された軍令によって陸海軍大臣のみが輔弼することを定め、さらに陸海軍大臣現役武官制によって軍の暴走を招いた。明治憲法の天皇が統治権を総攬するとの規定の極端な軍国主義的解釈としての天皇主権を否定するための国民主権規定（前文・1条）と共に、軍国主義を再び出現させないための反省が9条制定の根本にあることは重要である。

　憲法の前文が「政府の行為によつて再び戦争の惨禍が起こることのないやうにする」と述べているのは侵略戦争を二度と起こさないようにすべきだとの政治的決断であり、それを具体化したのが9条1項の「国権の発動たる戦争と、武力による威嚇又は武力の行使は、国際紛争を解決する手段としては、永久にこれを放棄する」という規定である。

　国権の発動たる戦争、というのは単に戦争といっても同じで、国際法（戦時国際法・武力紛争法）の適用を受ける戦争を指すと解される。武力による威嚇は、日本が三国干渉に当たって示したような武力の示威であり、武力の行使は、満州事変のような事実上の紛争を惹き起こす武力行使を指すのであり、結局法的な（狭義の）戦争及び事実上の戦争全てを指していると解される。しかしここで問題となるのが「国際紛争を解決する手段」との文言である。

　国際紛争を解決する手段、というのは予備知識なしに読めば結局全ての戦争が放棄されていると解されるが、不戦条約以来の国際法上の用語法に従うならば、9条1項は全体として侵略戦争を行わないという宣言と解釈されるべきことになろう。この場合国家の自衛は武力を用いることができないことになる（「武力なき自衛権」論）。

135

9条の解釈学説としては、基本的なものとして、警察予備隊創設前から存在していた学説として1項全面放棄説、2項全面放棄説、自衛戦力合憲説が存在する。1項全面（戦争）放棄説は、1項のみで自衛戦争を含む全ての戦争が放棄されており2項は確認規定に過ぎないとする説である（清宮四郎）。2項を削除しても9条の法的意味は変わらないとし、国権の発動たる戦争というのは戦争を限定する意味を持たないとする。2項全面（戦争）放棄説は、1項は、不戦条約以来の国際法上の用語法にしたがって侵略戦争の法規と解されるべきであるが、2項で結局すべての武力・戦力を放棄しているため9条全体としてはいかなる戦争も行うことができないとする説である（宮澤俊儀・ただし宮澤はのちに1項全面放棄説に改説したようである）。2項を削除する憲法改正が行われれば再軍備は可能である。政府による有権解釈の基礎ともなっている。自衛戦争（戦力）合憲説は結果としては結局自衛戦争をも放棄する結果となるこれらの解釈とは異なり、1項の解釈は2項全面（戦争）放棄説と同様であるが、2項の「前項の目的を達するため」を「侵略戦争放棄のための武力・軍備の放棄」と解する。したがって2項があるにもかかわらず、再軍備は可能とする。ただし、再軍備を国家に義務付けるという説ではなく、自衛のためであれば再軍備をしても違憲でないという説である（佐々木惣一）。この説は現状の自衛隊の説明とも合わず、また自衛のためにのみ用いられる軍備というのは不合理ではないかとの疑問がある。

これらの基本的な解釈学説に対し、再軍備が論じられた初期から存在していたもののうち、これら三説とはちがって9条に法規範性を認めない説が政治的マニフェスト説で、9条は政府が即時に実現を求められないとする説［高柳賢三「平和・九条・両軍備」ジュリスト25号（1953年）5頁］である。この発展形がいわゆる砂川事件最高裁判決の基礎ともなっている政治的規範説であり、裁判所を規範として拘束しないとの説（伊藤）である。なお、1項全面放棄説から自衛戦争合憲説に国民意識が変わったがゆえに9条の意味が変わったとの憲法変遷論もある［橋本公亘『日本国憲法〔改訂版〕』（有斐閣、1988年）］が、主張者の学説変更を国民意識のゆえだと説明している疑問がぬぐえない。さらに近時長谷部恭男教授によって9条の捉え方を人権規定と同じ原則規範と唱える説が提唱され注目されたが、国家そして憲法の本質から考えてはいるも

のの国際関係を重視する思考など果たして憲法の条文を解釈しているのか、また結局平和安全法制成立以前の政府の有権解釈と結論として異ならないとの疑義がある。以上から、規範的には1項全面放棄説か2項全面放棄説をとることが合理的であると解さざるを得ない。

9条2項の「戦力」は、「その他の」を文字通り厳格にとると近代国家が成り立たないことには注意しなければならない。すなわち、戦争に役立つ潜在的能力一切が含まれてしまうので、航空機、港湾施設、核戦力研究なども含まれることになり不合理である。それゆえ「戦力」は「外敵の攻撃に対して実力をもってこれに対抗し、国土を防衛することを目的として設けられた、人的・物的手段の組織体」である「軍隊および有事の際にそれに転化しうる程度の実力部隊」と解される（芦部）。

警察力は国内治安の維持と確保を目的とするが、軍隊は国土防衛が主たる目的である。ただし、学説上有力な武力無き自衛権論も、自衛権放棄説も、国際法の用語法に鑑みれば、容易には与し得ない。国際法上、自衛権はそもそも放棄できないと解すべきだからである。この前提があるからこそ学説が多岐にわたることにもなり、現実の政治においても問題が生じるのである。

2．有権解釈概観

（1）立法解釈―「防衛法制」概要

自衛隊に関する膨大な法律は、自衛隊及び防衛省を行政機関の一種として内閣の統制下に置き、自衛隊員を公務員と扱っている。すべての権限発動に法律の根拠を有する体制は第9条を法規範と見なしていなければあり得ない。ここで立法府の立場、**自衛隊法制度（政府・自衛隊・防衛省は「防衛法制」と呼ぶ）の概要**を示す。

自衛隊と防衛省は、一体となった組織である［防衛省・自衛隊のウェブサイト https://www.mod.go.jp/j/profile/mod_sdf/index.html に組織図が掲載されている］。9条との関係で創設以来所轄官庁はあくまで総理府の外局、後に内閣府（総理府から名称変更）の外局として、防衛庁及び防衛施設庁とされてきた。

自衛隊は当初朝鮮戦争の時代、1950（昭和25）年（占領下）に**警察予備隊**と

137

して誕生した。**警察予備隊**は、2年後に**保安隊及び警備隊**へと拡張し、さらにその2年後、**自衛隊**創設へと至る。政府は憲法制定過程では9条は自衛のためのものを含めて一切の戦争を放棄し、軍備も一切禁じていると解していたが（昭和21［1946］年6月26日衆議院帝国憲法改正委員会における吉田茂首相の答弁）、警察予備隊創設から自衛隊創設までは、警察力を補うものに過ぎないとし、自衛隊創設に伴って、憲法は自衛権を否定していない、したがって、自衛のため必要な最小限度の実力としての自衛力は戦力ではないとの見解を出すに至る。

1952（昭和27）年にサンフランシスコ講和条約と同時に締結された日米安全保障条約（日米安保条約）は、1960（昭和35）年に改定されて現在に至る。日米安保条約3条は「締約国は、個別的に及び相互に協力して、継続的かつ効果的な自助及び相互援助により、武力攻撃に抵抗するそれぞれの能力を、憲法上の規定に従うことを条件として、維持し発展させる」と規定し、5条は事実上の日米双方の集団的自衛権を規定した（ただし当初政府はここでいう集団的自衛権につき日本が負う義務は米軍基地の提供であるとしていた）。この日米安保条約の下アメリカ軍が日本に駐留している（6条参照）が、その合憲性が争われた砂川事件上告審において、事実上の合憲判決が下される［⇒2.（3）で詳述］。

2007（平成19）年1月防衛省が設置され、あわせて自衛隊の任務が拡大された。自衛隊法2条1項および防衛省設置法3条は両者が一体の組織であることを示し、また防衛省の任務規定は、自衛隊法3条と相まって両者が同じ任務を担っていることを示している。この任務規程を一読すれば、元来専守防衛の組織であることを理由に軍ではないから合憲であると説明されてきた自衛隊は、国外での活動が肯定されることで、ますます「軍隊」に近づいている。日本で議論を呼んだ国連軍への参加にせよ、PKO（Peacekeeping Operation：平和維持活動）への参加にせよ、憲法で正面から軍を認めている国では問題とならない。国連憲章第7章「平和に対する脅威、平和の破壊及び侵略行為に関する行動」に基づく軍事行動（特に43条に基づくもの）、すなわち憲章が想定した意味での真の意味での国連軍は未だ構成されたことがないけれども、9条の下でこの措置への参加には支障がないとする学説もある。

第10講　平和主義の歴史と今

　なお自衛隊の任務にある「国際連合を中心とした国際平和のための取組への寄与その他の国際協力の推進を通じて我が国を含む国際社会の平和及び安全の維持に資する活動」は、防衛省設置の際自衛隊法が改正されて追加されたもので、これは1954（昭和29）年6月の参議院本会議の「自衛隊の海外出動をなさざることに関する決議」、1980（昭和55）年10月30日の国連憲章第43条に基づく国連軍への参加、平和維持軍（PKF）への参加のみならず、PKOへの参加も自衛隊法上認められないとの政府統一見解を覆し、1992（平成4）年6月国際連合平和維持活動等に対する協力に関する法律（PKO協力法）以来の一連の「有事」法「整備」の仕上げともいえる。

　1997（平成9）年9月23日の改訂**日米防衛協力のための指針**（いわゆる**新ガイドライン**）から始まり、1999（平成11）年5月の**周辺事態法**、2001（平成13）年9月11日のアメリカのいわゆる9.11テロ事件に対する日本政府の対応としての**テロ対策特別措置法**、2003（平成15）年には**イラク支援特別措置法**が制定されている。2003（平成15）年6月には、**有事三法**として**武力攻撃事態法**、**安全保障会議設置法改正法、自衛隊及び防衛庁の職員の給与等改正法**が成立する。翌年6月14日には、有事関連7法及び関連3条約が承認された。

　有事関連七法とは、国民保護法、米軍行動円滑化法、特定公共施設利用法、国際人道法違反処罰法、外国軍用品海上輸送規制法、捕虜取扱法、改正自衛隊法を指す。また**有事法制関連三条約**は、日米物品役務相互提供協定（ACAS）の改定、ジュネーブ条約第1追加議定書（国際的武力紛争の犠牲者の保護）、ジュネーブ条約第2追加議定書（非国際的武力紛争の犠牲者の保護）を指す。同時期に「特定船舶の入港の禁止に関する特別措置法」が議員立法として制定された。これらの法律が一体となって、いわゆる「有事法制」が「整備」された。しかしむしろ根本的な問題は、自衛隊法によって自衛隊に与えられている任務がかなり錯綜して理解の難しい規定になっていることである。

　すなわち、基本は**防衛出動**（自衛隊法76条、武力攻撃事態法9条）という武力紛争法の適用を受ける活動であるが、「間接侵略」という、政府答弁（1973（昭和48）年参議院内閣委員会における久保卓也政府委員の答弁）を読んでも意味がつかみがたい概念を用いていた治安出動（旧自衛隊法78条・81条）は、かえって濫用の危険もあると指摘されてきた（ただし現在でも自衛隊法78

139

条に「間接侵略その他の緊急事態」に自衛隊に総理大臣が治安出動を命ずる規定は残されている）。

（2）司法解釈―9条解釈にかかわる基本判例

　これらの立法に際して何度か裁判所で争われた。判例は非常に多岐にわたるがここでは主要な三つの判例について整理しておく。

　警察予備隊の合憲性を争って当時の左派社会党書記長鈴木茂三郎が最高裁判所に直接求めた裁判において、「現行の制度の下においては、特定の者の具体的な法律関係につき紛争の存する場合においてのみ裁判所にその判断を求めることができるのであり、裁判所がかような具体的事件を離れて抽象的に法律命令等の合憲性を判断する権限を有するとの見解には、憲法上及び法令上何等の根拠も存しない」として訴えが却下された〔最大判昭27（1952）・10・8民集6-9-783；行集3-10-2061頁（警察予備隊違憲訴訟）〕。

　日米安保条約の合憲性が争われた砂川事件上告審〔最大判昭34・12・16刑集13-13-3225〕において、次のように判示されている。憲法9条「によりわが国が主権国として持つ固有の自衛権は何ら否定されたものではなく、わが憲法上の平和主義は決して無防備、無抵抗を定めたものではない」。「わが国が、自国の平和と安全を維持しその存立を全うするために必要な自衛のための措置をとりうることは、国家固有の権能の行使として当然」である。「憲法前文にいわゆる平和を愛好する諸国民の公正と信義に信頼すること……〔で〕われらの安全と生存を保持しようと決意した」。このこと「は、……国際連合の機関である安全保障理事会等の執る軍事的安全措置等に限定されたものではなく、わが国の平和と安全を維持するための安全保障であれば、その目的を達するにふさわしい方式又は手段である限り、国際情勢の実情に即応して適当と認められるものを選ぶことができる……〔の〕であって、憲法9条は、我が国がその平和と安全を維持するために他国に安全保障を求めることを、何ら禁ずるものではない」。このように、あきらかに日米安保条約を合憲と解しているかのように判示しながら、他方でこの条約は「主権国としてのわが国の存立の基礎に極めて重大な関係をもつ高度の政治性を有するもの」で、「その内容が違憲なりや否やの法的判断は、その条約を締結した内閣およびこれを承認し

た国会の高度の政治的ないし自由裁量的判断と表裏をなす」。「それ故、右違憲なりや否やの法的判断は、純司法的機能をその使命とする司法裁判所の審査には、原則としてなじまないもので」、「一見極めて明白に違憲無効であると認められない限りは、裁判所の司法審査権の範囲外のものであ」り、「第一次的には、右条約の締結権を有する内閣およびこれに対して承認権を有する国会の判断に従うべく、終局的には、主権を有する国民の政治的批判に委ねられるべきである」。「本件安全保障条約またはこれに基く政府の行為の違憲なりや否やが、本件のように前提問題となっている場合であると否とにかかわらない」とも判示した。このように、政治的規範説に立っているようにも解され得る立場をとる。

　これに対し、自衛隊の合憲性については、限りなく合憲説に近いようにも思われるものの、実際に判決文を読むと、最高裁は違憲とも合憲とも明言していない。長沼ナイキ基地訴訟第1審［札幌地判昭48（1973）・9・7判時712-24］で自衛隊違憲判決が出されたにおいても、札幌高等裁判所［札幌高判昭51（1976）・8・5行集27-8-1175］は、自衛隊は一見極めて明白に侵略的なものとはいえないとして控訴人らの主張を退け、上告審（最高裁）［最一小判昭57（1982）・9・9民集36-9-1679］は訴えの利益がない、すなわち、平和的生存権は、行政にその行為を取り消すよう求める裁判の原告たる資格を基礎づけないと判示した。

（3）政府解釈

　民法や刑法などの解釈については、有権解釈といえば司法解釈となる（とくに最高裁判例が一般的に法律の有権解釈である）。9条については、必ずしもそうではない。**第12講3.（1）**で詳述するように、個人の権利がかかわらないものである限り裁判の俎上に乗らないからである。9条の有権解釈の中心となる解釈は、一般的には政府解釈である。

　政府解釈は、直接に自衛戦争合憲説をとっていない。基本的には上述の2項全面放棄説を基本としつつ、国家は慣習国際法上国家固有の自衛権を有しているとの砂川事件最高裁判決でも示された論理を前提としつつ、自衛権行使のための必要最小限度の実力は保持可能とする。おそらくはこの解釈のもととな

っているのが憲法13条から国家の自衛権が読み取れるとする解釈である［田上穣治「主権の概念と防衛の問題」宮澤還暦『日本国憲法体系・第2巻総論』（有斐閣、1965年）98頁］。

当然に自衛のための「必要最小限度」を超えた武力を自衛隊が有するに至ると違憲となるはずで、過度の軍備増強を図ろうと政府が画策すれば次の選挙で落選することが予測されるという政治的規範説の立場と同様である。民主政治に対する信頼と同時に、実に危ういバランスの上に現在の自衛隊法制は運用されているのである。文民条項（66条2項）を傍証に、憲法制定当初は政府も1項全面放棄説あるいは2項全面放棄説に立っていたようであるが、警察予備隊創設より後は、言葉遊びのような、それでいて形式論理だけは一貫した内閣法制局による、ある意味首尾一貫した解釈論を採用してきた。

ただし、第一にここにいう自衛権が、国連憲章51条が規定している自衛権と同じものか、第二にいうところの実力について戦力に満たないものとの説明をするのみで「戦力」の定義を明確にしていないことから批判される。政府は自衛隊の成立後、当初は近代戦争遂行能力がある軍事力を戦力と説明していたが、現在自衛隊の「兵力規模」が国際的に5位とも6位とも評される強大なものとなっている現在においては、「戦力」に満たないものとの説明は維持不可能ではないかとも解される。ただし、それでも平和安全法制成立以前においては「専守防衛のための組織である」という一線は保たれていたため、合憲と解する余地があったとうことができるであろう。

結局、結果としての武力戦力の不保持を帰結する解釈は憲法の性質上とり得ず、平和安全法制成立以前の有権解釈を取るよりほかない、というのが自衛隊の存在を所与の前提とする限り有力説になりつつある。大きな問題となったのは2014年7月1日の閣議決定であり、それを受けて制定された、いわゆる平和安全法制の成立である。詳しくは、3．で述べる。

3．平和安全法制の問題

こういった政府の解釈が維持されているかどうかが大きな社会問題となったのが、いわゆる平和安全法制の成立であった。同法制は10本の改正法と1本の新法（自衛隊の海外派遣のための多くの特別措置法の恒久法化を図った国際平

和支援法）からなる。平和安全法制成立以前、有事法制確立時点で実質的な意味の憲法が変わっていたのではないかとの疑問もある（教育基本法改正による愛国心教育など）。以下平和安全法制と憲法との関係が問題となる点に絞って述べる［詳しくは政府の有権解釈を網羅的に整理している浦田一郎編『政府の憲法九条解釈　内閣法制局資料と解説第2版』（信山社、2017年）を参照］。

平和安全法制制定以降の「事態」と「新三要件」

＊「新三要件」（自衛隊法76条）が満たされれば武力行使可能

国会が「原則として事前承認」	個別的自衛権		武力攻撃事態＊	防衛出動・武力行使
			武力攻撃予測事態＊	出動待機
			存立危機事態＊	防衛出動・武力行使
	集団的自衛権	重要影響事態	［武力攻撃事態法・重要影響事態安全確保法・国際平和協力法］米軍などの支援	
例外なき事前承認	後方支援活動など	国際平和共同対処事態	［国際平和支援法］いわゆる平和維持活動（PKO）など	

各用語の定義（ゴチックは2015年に新設）

武力攻撃事態	武力攻撃が発生した事態又は武力攻撃が発生する明白な危険が切迫していると認められるに至った事態
武力攻撃予測事態	武力攻撃事態には至っていないが、事態が緊迫し、武力攻撃が予測されるに至った事態
存立危機事態	我が国と密接な関係にある他国に対する武力攻撃が発生し、これにより我が国の存立が脅かされ、国民の生命、自由及び幸福追求の権利が根底から覆される明白な危険がある事態
重要影響事態	そのまま放置すれば我が国に対する直接の武力攻撃に至るおそれのある事態等我が国の平和及び安全に重要な影響を与える事態
国際平和共同対処事態	国際社会の平和及び安全を脅かす事態であって、その脅威を除去するために国際社会が国際連合憲章の目的に従い共同して対処する活動を行い、かつ、我が国が国際社会の一員としてこれに主体的かつ積極的に寄与する必要があるもの

内閣官房のサイト内にある『「平和安全法制」の概要　我が国及び国際社会の平和及び安全のための切れ目のない体制の整備』<https://www.cas.go.jp/jp/houan/150515_1/siryou1.pdf>及び各種法令を参考に筆者作成

　なによりも2014年7月1日の閣議決定を具体化した改正自衛隊法76条がまず問題である。一般的に集団的自衛権を認めたものと解される。しかし、これは国連憲章51条のいう集団的自衛権とは異なっている。従来の有権解釈が想定していたように自衛権の発動条件は急迫不正の武力による侵略行為に対する必要最小限度の反撃である。国連憲章は自衛「戦争」までは認めていないはずであ

143

る。ただし規範的にはという限定が付くが。では改正自衛隊法76条は同様の規定であるか。自衛権の発動に生命・自由・幸福追求の権利が根底から覆される明白な危険がある事態との要件を付しており、この点では国連憲章の自衛権よりも発動要件が厳格である。もっともこの点は従来の政府の説明を具体化しただけとも言える。他方存立危機事態が追加されており、周辺事態法を改正した重要影響事態安全確保法の成立により、実質的に限定はないともいえる。ある意味自衛権の第一次世界大戦以前の捉え方に先祖返りしてしまっているのではないか。

　第2に、自衛隊法95条2、いわゆる武器等防護の問題である。「自衛隊員」の正当防衛または緊急避難による「合理化」されているが「同盟」国を対象とした武器の中に船舶航空機などが含まれており（自衛隊法95条）実質的に集団的自衛権発動が拡大している。

　第3に、このような拡大と関連し、自衛隊員の任務が拡大し、他国の軍人と同様なことが駆け付け警護、後方支援、PKO派遣時の武器使用などにおいて可能とされる一方憲法76条が改正されていないため軍法会議が存在せず、自衛隊員の個人責任が問われかねない他、そもそも専守防衛の性格自体が変容していると解さざるを得ないこと（自衛隊員の宣誓の問題）など多くの憲法上疑義がある。

　そもそも先に（従前の）有権解釈に従わざるを得ないと表明したものの、その前提は専守防衛という建前であり、その一線を崩してしまったら自衛隊の合憲性は保つことができない。

　以上から、平和安全法制は、憲法9条に違反すると解される。

　もっとも、以上の議論は規範的に見てのことであって、そもそも平和安全法制が「政策的に望ましいか」ということとは関係がない。この点、本来であれば、憲法改正を正面から議論すべきである。

　　なお、近時政府に近い解釈、すなわち自衛権の根拠のひとつに憲法13条をおくべきとの議論が学説においても再燃している［古くは田上穣治「主権の概念と防衛の問題」宮澤俊儀還暦論集『日本国憲法体系・第2巻総論』（有斐閣、1965年）98頁］。このような説を唱える論者の一人は、次のように述べる。絶対

144

的戦力武力不保持説をとなえつつ、「自衛のための軍・戦力は必要だから憲法9条2項を改正すべきと主張する者もいる。しかし、そうした論者が、『改憲成立までは自衛隊を解散し、外国からの武力攻撃があっても自衛権を行使すべきではない』と明言することはほとんどない。こうした主張は、憲法の文言を変えたいという欲望のために、あえて否定しやすい憲法解釈を採用する藁人形論法の一種であって、まともな法解釈とは言い難い」［木村草太『憲法』（東京大学出版会、2024年）49頁］というのである。これは自衛のための戦力ないし武力を肯定する解釈をしなければ学説として無責任だというに等しく、有権解釈と学理解釈の区別を忘れた暴論というほかない（「政府解釈や自衛隊法の防衛出動の要件は、憲法9条との関係を論じるまでもなく、あいまい不明確ゆえに違憲無効と判断すべきである」との同書51頁の記述との関係も曖昧である）。

4．平和と人権—平和主義と平和的生存権論

（1）平和と人権

憲法は基本的人権を定める第3章の前に平和主義条項を置いている。人権尊重の憲法での宣言は、たとえそのための法律が整備されようとも、平和が確保されていなければ意味がない。また、戦争が起きていないという意味では平和であったとしても、それが「ビック・ブラザー」が国民全てを監視している国家を描いたオーウェルの小説『1984年』のような世界では意味がない。平和と人権は、いずれが欠けても意味のない、相互に不可分の関係にあることを憲法は確認しているのだといえよう。

平和と人権の関係を考える上で重要なのは、平和も人権も、一国だけでは達成できないことを認識することである。もともと国際社会において、戦争を法的に統制しようという立場から、いわゆる**戦争法**（Law of War）が形成されてきた。これが第二次世界大戦終結後に**戦争を違法化**する潮流が**国際連合憲章**（国連憲章）で本格化した後、**武力紛争法**（Law of Armed Conflict）と呼称されるようになるが、現在ではその一部を指していた**人道法**（Humanitarian Law）がこういった法制全てを指すようになって、**国際人道法**（International Humanitarian Law）と呼称される。他方で、やはり第二次世界大戦終結後、ナチス・ドイツのユダヤ人迫害への反省が中心にあ

る国際的な人権保障が発達する。発端は国連憲章の人権保障関連規定（前文、1条2項・3項、55条 c、62条、68条）を宣言規定で具体化した**世界人権宣言**（Universal Declaration of Human Rights）であり、ヨーロッパではこれが**ヨーロッパ人権条約**（European Convention on Human Rights and Fundamental Freedoms）として、国連の普遍的条約且つ日本も加入している**自由権規約**（International Covenant on Civil and Political Rights）や**社会権規約**（International Covenant on Economic, Social and Cultural Rights）として国際的な人権条約が成立している。近年では多くの個別条約もあるが、ここで特に問題にしたいのはこういった**国際人権法**（International Human Rights Law）と国際人道法の関係である。国際人権法は本来戦争状態でない平時に適用されるものであるはずだが、実は自由権規約4条には「公の緊急事態」において国家が人権保障義務を免れる［ヨーロッパ人権条約15条には、「戦時」（In time of war）との語がある］と規定されている。これに対して国際人道法の一つである1949年のジュネーブ4条約の共通3条や1977年のジュネーブ条約第2追加議定書も、戦争に至らない「緊急事態」に適用される余地を残し、また規定自体に「個人の尊厳」の確保など人権法の総則規定と共通する規定を含んでいる。このように見てくると、**戦時にも国際人権法が適用され、且つ戦時に至らない緊急事態においても国際人道法が適用される余地がある**ことになる。日本国憲法の解釈としてそもそも上記の自由権規約4条が適用される余地があるのか疑問であるが、憲法9条と第3章の規定の関係を考える上でもこの両者の適用関係は参照に値する。

(2) 平和的生存権

　ここで憲法上の問題点として浮上するのが**平和的生存権**の問題である。憲法前文2項（2段）が「われらは、全世界の国民が、ひとしく恐怖と欠乏から免かれ、平和のうちに生存する権利を有することを確認する」と述べているところをどう理解するのかということである。「**恐怖と欠乏から免れ**」る権利として社会権が想定されていると理解することもできるが、やはりなによりも「**平和のうちに生存する権利**」＝平和的生存権は、少なくとも**平和の確保が人権保障の前提条件である**ことを端的に示しているのである。ただし、これが具体的

な権利と結びつくかについては、争いがある。大西洋憲章の文言に由来することや、そもそもここで確認されているのは、日本国民以外の「全世界の国民」についての単なる確認規定であることなどを重視し、且つそもそも憲法前文は具体的な権利等を読み取ることができる規範としての役割を持たないとの立場がある。これに対して、前文自体を根拠にする主張、9条に根拠を置く主張、13条に根拠を置く主張などがある。この点、自衛隊の「海外派遣」を違憲と判示した名古屋高裁の判決で示された見解は検討に値する［名古屋高裁平20 (2008)・4・17（なお判決の主たる結論は請求棄却であり、違憲という重大な結論を示しながら請求は棄却するのは判決の形式として問題があるとの主張には留意すべきである）。**最高裁は平和的生存権にはとりあっていない**［先に紹介した長沼ナイキ訴訟最高裁判決・最一小判昭57 (1982)・9・9民集36-9-1679］が、平和と人権の関係を考える上で重要な視点である。

（3）議会による保障と裁判所による保障

　日本国憲法においては、違憲審査の権限が裁判所に対し明文で与えられている（81条）。違憲審査の権限が裁判所に付与されている国において、「議会による人権保障」をいうのは奇異に感じられるかもしれない。けれども、環境に関する権利や、社会権は、法律の整備をまず第一次的には要求するものである。法律によりさえすれば権利を制限できるというのでは、もちろん明治憲法時代への逆戻りである。議会による人権保障というのは、国会を国権の最高機関とする日本国憲法の下における、**法律による人権の実効化が、ここでいう「議会による人権保障」の意義**である。違憲審査によって、法律や行政行為が無効と宣言されるのは、議会が人権制限的な法律を制定してしまうことを防ぐことに主眼があり、議会による人権保障を否定する趣旨ではない。アメリカで問題提起され、近年英米法諸国で改めて議論されている、**民主主義か立憲主義か、という「選択」は、人権の議会による保障と裁判所による保障との関係を理論的に考察する**ものである。

　先にも述べたように、国際的な人権保障が現実に条約としてまとまったのは、ナチス・ドイツやイタリア・ファシズムへの反省からである。第二次世界大戦以前にも国際人権保障の萌芽はあるものの、極めて限定されたもので

あった。第二次世界大戦終結までは、人権保障は主として主権国家の国内問題であると考えられ、各国の憲法典で保障され、裁判所等を通じて実質的に保護されるのが通例であった。原則として、それは現在も同様である。ナチス・ドイツによるユダヤ人虐殺は全世界に衝撃を与え、人権を国際的な問題として扱うことの重要性を痛感させたのである。それが種々の人権条約に結実したのである。ただし、アジアには共通の条約は存在しない。ASEAN憲章のような試みはあるものの、実効的なものとなっているとは言いがたい。発達（発展）程度・文化・政治体制の違いが大きな要因となっていると言えよう。日本が批准している条約で、国内法秩序にインパクトを与えたものとして、国際人権規約自由権規約及び社会権規約、難民条約、人種差別撤廃条約、女子差別撤廃条約、子ども（児童）の権利条約、そして拷問等禁止条約が挙げられる。

第10講　平和主義の歴史と今

確認問題（14）

　国民主権と平和主義の関係について述べた次の文のうち、最も適切なものを一つ選びなさい。

1．大日本帝国憲法に天皇が主権者であると明記されていたことが原因で軍隊が暴走したと考えられたため、そのことを否定するために国民が主権者であると日本国憲法で明記されることになった。

2．第二次世界大戦開始時に、すでに政治の実情は国民主権となっていたが、大日本帝国憲法の規定上帝国議会と無関係に総理大臣を選出可能であったため、議院内閣制を、より徹底しなければふたたび軍部が暴走すると考えられた。そのために、国民主権と、戦争の放棄（平和主義）が日本国憲法に明記されることになった。

3．天皇機関説事件によって、天皇が法人格のある国家（国家法人説）の最高に権威ある機関であるという考え方（学説）が否定されたため、大日本帝国憲法4条で「統治権ヲ総攬ス」る天皇が主権者であるという考え方（学説）が、政府公認の学説となった。このことを明文で否定しなければふたたび主権者天皇の名において軍部が暴走した悲劇が繰り返されると考えられたことが、日本国憲法で国民が主権者であると明記された根本的理由であり、9条2項で軍備が放棄された理由である。

4．大日本帝国憲法では、戦争が開始された後は、天皇のみが軍隊の指揮命令権をもつことが明文で規定されていたが、その天皇を輔弼するのが、組織としての内閣であることは明記されず、「国務各大臣」が天皇を輔弼するとしか書かれていなかった（大日本帝国憲法55条1項）ため、陸海軍大臣のみが天皇を輔弼することを定めた軍令が定められてしまった。そのため、軍部の暴走を内閣がコントロールできなくなってしまったため、その悲劇を繰り返さないために日本国憲法9条2項で軍備が放棄された。

確認問題（15）

　2015年9月に可決された、いわゆる「平和安全法制」について述べた次の文のうち、明らかに誤っているものを一つ選びなさい。

1．「平和安全法制」の一貫で改正された自衛隊法は、国際連合憲章で規定されてい

149

る集団的自衛権を極めて限定的にではあるが明示的に規定している。

2．「平和安全法制」によって、PKO活動などで派遣された自衛隊が、いわゆる「駆け付け警護」に従事する可能性が出てきたが、制定の議論中から強く批判されている。

3．「平和安全法制」と呼ばれるものは、日米安全保障条約に基づき、関連する刑事法規定などを整備するための一連の法律をまとめて呼称するものである。

4．「平和安全法制」に関する議論のうち、制定前年の2014年7月の閣議決定から与党が主張し、野党から、また学問的にも批判されてきたのは、日米安全保障条約の憲法適合性が問われた砂川事件最高裁判決が判決中で容認した「自衛権」が、国際連合憲章の定める集団的自衛権を含む概念であるか否かであった。

研究課題（7）

・いわゆる平和安全法制がもつ憲法上の問題点について論ぜよ。

第11講　政治のデザイン構想

　本書は日本国憲法を概観した後、人権問題と平和主義を中心に概説してきた。最後に政治をどのように行わせようとするか、という政治のデザインが具体化した政治のしくみについて、概観する。

1．権力分立

　権力分立はSeparation of Powersの訳であり、「三権」に分かれるとは限らないが、通常は立法、行政、司法の三権の分立を指す。日本国憲法の規定は第4章国会、第5章内閣、第6章司法、であって、前二者が機関名を表題にしているのに第6章は権限の名称を表題にしていて、必ずしも首尾一貫した規定ではない。けれども司法作用に何が含まれるかは歴史的に決まる。明治憲法下において行政裁判所が設置されていたこと（明治憲法61条）と、明治憲法の構成と表題を踏襲したこととを考え合わせると、このような表題にも一応の理由がある。ジョン・ロックは、立法権と執行権の分離を強調したが、司法権については目立った言及がない。これは当時のイギリスの状況を反映したものである。1789年フランス人権宣言16条は「権利が保障されず、権力の分立が定められていない社会は憲法を持つとはいえない」と規定している。またアメリカ合衆国憲法が厳格な三権分立を採用したのは、モンテスキュー（Charles-Louis de Montesquieu, 1689-1755）が1748年に『法の精神』第11篇第6章で次のように述べていることに影響を受けたとされる。すなわち、立法権については、執行権を持つものが立法に「阻止する権限」を持って参与すべきであると言い、司法権は「恐るべきもの」であって、陪審制・裁判権力は「無となる」べきものであるとすると同時に、執行権を「講和または戦争をし、外交使節を派遣または接受し、安全を保障し、侵略を防ぐ」権力（現在の判例理論に見る「統治行為」に近い）とした上で、これらのうち二権が同一の人間あるいは同一の役職者団体に属すれば自由は失われ、三権が同一に帰すれば全ては失われるという。このモンテスキューの主張は『イギリスの国制について』と題する章で行われており、1690年のロックの『市民政府論』［最近では『統治論』と

151

訳される］の主張を踏まえて展開されたものである。イギリスの国制が厳密な意味での三権分立かどうかはともかく、基本的には三権（正確には国家機関が行使する三つの権限と言ったほうがよいであろう）を分離独立させるという考え方はすでにこの時点で充分明らかになっていた。けれども三権を完全に別々の機関に割り振るべきだとは述べていないことに注意が必要である。議院内閣制（イギリス）、大統領制（アメリカ）、混合体制（大統領＋議院内閣：フランス）のように、古くから立憲主義が成立していたと目される諸国のいずれも異なる体制をとっていることから、このことは容易に理解できる。

　明治憲法は、5条（天皇の立法権）、37条（帝国議会の天皇の立法権への「協賛」）、55条（天皇の行政権を国務各大臣が「輔弼」するとの規定）、57条（天皇の名における「司法権」）を見ると、曲がりなりにも三権分立の憲法であったことがわかる（37条等で「政府」が用いられていることも特徴的である）。これに対し、日本国憲法は41条で国会に立法権を、65条で内閣に行政権を、76条で裁判所に司法権を、81条で裁判所に違憲審査権を付与しており、三権分立とその維持のための違憲審査制という構造が見て取れる（なお、内閣に関する65条だけ「すべて」という形容詞がない）。

2．議院内閣制

　明治憲法下においては、大正デモクラシー期を除くと、憲法上内閣について明文規定がなかったこともあり、政党に基礎をおく議院内閣制は行われなかった。正確に言えば、イギリス流の議院内閣制を排除するために明治憲法に内閣制度が規定されなかったのである。明治憲法制定当初においては大隈重信のようにイギリス流の議院内閣制を憲法上規定すべきとの意見もあったが、プロイセンの憲法に強い影響を受け、君主の権力が少なくとも文言上は残された。そのため内閣総理大臣は同輩中の主席（primus inter pares）に過ぎず、内閣を構成する大臣の罷免権も持っていなかったため、とくに戦争が激しくなった時期に、陸海軍大臣の現役武官制が定められていた時期には、陸軍や海軍が大臣を出すことを拒絶することで組閣を阻止できたのであり、軍部に政治が従属する結果を招いてしまった。明治憲法時代の議院内閣制は、大正デモクラシーと呼ばれる、限られた時期（1924〜1932）にだけ実行された政治制度であった。

議院内閣制の「本質」は、内閣の議会（民選議院）に対する政治責任の原則にある。内閣も議会も政治制度の不可欠の構成機関であることが前提となる。民選議院が前提とされるのであるから、当然直接民主制とは異なる。国会と内閣の両者は一応分離・独立しているが、分立が厳格でなく、内閣が議会に対して政治責任を負うことを要として、両機関の協同関係が仕組まれている制度である。議院内閣制には、古典型、議会万能型、内閣政治型などの諸「類型」があるが、最低限押さえておくべきは、元来、君主国において発展した政治制度であることである。古典型は、イギリス型の原型や、19世紀前半のフランス七月王政時代の議院制を指す。君主と議会が対立的な権力分立の機関であって、両者の連結機関が内閣である。この型は共和政体にも移植されている（ドイツのワイマール憲法やフランスの第五共和制憲法）。議会万能型は、フランス第3・第4共和制憲法下の議院制を指す。元首の権力が名目化し、議会が最高機関とされ、内閣は議会に従属するものとされた。歴史的に古いこの二類型に対して、内閣政治型は、現代イギリスの制度を言う。君主権力の名目化が根拠であって、法的構造的には議会万能型と等しい。政治的主権者としての国民と、法的な主権者としての議会、と理解されている。内閣政治型における内閣の議会解散権は、内閣の指導力の重要な手段として、その裁量に委ねられてきた。ただ、その典型国であるイギリスが、庶民院議員の任期を原則5年に固定する法律を制定した（The Fixed-term Parliaments Act 2011）ことは内閣の「自由な」解散権を制限するべきとの議論を復活させたが、10年ほどで廃止された。

　このように、諸外国の制度を参照しながら作り上げた明治憲法における政治のデザインは、**明治憲法の成文に書かれていない部分**が多かった。これに対して、日本国憲法における政治のデザインは、①行政権を内閣が保持（65条）し、内閣は国会から一応分立した統一的合議制機関（68条、70条）であること、②内閣は国会に対し、「連帯して責任を負う」（66条3項）ことからして、明示的に**議院内閣制を採用している**といってよい。日本国憲法における衆議院と内閣の関係については、まず衆議院は内閣に対して内閣不信任決議によりその政治的責任を追及しうる（69条）のであり、その他の国政調査権、議院に大臣が出席し質疑に答える（62条、63条）ものとされる。憲法の類型上の特質と

しては、国会の優位と内閣の衆議院解散権が規定され、特にその解散権については解釈の問題として残る。

　衆議院と参議院については、任期についての規定は憲法に置かれているが（45条、46条）、選挙人資格、議員定数、議員資格（立候補資格年齢）などは法律に委ねられている（44条、47条）。二院制をとっている以上同時に両議院の議員であることは当然認められない（48条）。議員資格について財産や収入による差別が禁止される（44条）ので当然国庫から歳費を受ける（49条）。公職選挙法が両院の選挙権（9条1項）・被選挙権（10条1項1号及び同項2号）・議員定数（4条1項及び2項）などを定める。具体的な違いを確認しておこう（次の表［国会の構成］参照。なお2013年4月時点で議員定数の削減が議論され、2013年6月24日、衆議院小選挙区選出議員が295人に減らされ、衆議院の議員定数は合計475人になり、さらに2016年には小選挙区選出議員を6議席、比例代表選出議員を4議席減らす改正法が成立しており、2025年現在の議席数は465人となっている）。両院の構成が異なるのは多様な民意を反映し審議を慎重にするためであると解される（イギリスや明治憲法時代の日本のように貴族院が存在するか、アメリカやドイツ、オーストラリアのように上院などが連邦制に特有の、「州代表」あるいは「ラント代表」（ドイツ）という特色を持つ場合には、議会の専制防止、下院と政府の衝突防止も目的に挙げられることがある）。

　一般には公衆に近い衆議院議員に対して解散がなく任期が長い（6年）参議院議員は「理の府」とも呼ばれるもので、一層年齢を重ねることを求めていることも、合理性があると言われる。しかし実際には25歳で衆議院議員に立候補している例はそれほど多くはない。そのような事実を踏まえ、さらに近年の青少年の精神的未成熟を反映して、上記のように立候補資格年齢を35歳に引き上げるとの主張に合理性を認めるとすると、投票資格年齢も引き上げられなければ整合性を欠く（実際には現在の成人年齢は18歳である）。他方で、多くの選挙人によって選出されること自体が議員の民主的基礎であると考えれば、被選挙資格は投票資格年齢と同じでも、何ら問題ないと考えることが可能である。このような立場からは、現行法制における衆議院議員及び参議院議員についての議員になるための資格年齢要件は違憲であると解されることになろう。

第11講　政治のデザイン構想

国会の構成

衆議院		議院定数	参議院	
小選挙区　289人 比例代表　176人 } 465人 4年 成人（満18歳以上）の男女 満25歳以上の男女 あり		議院定数 任期 選挙権 被選挙権 解散	選挙区制　146人 比例代表　96人 } 242人 6年（3年ごとに半数改選） 成人（満18歳以上）の男女 満30歳以上の男女 なし	

国会の種類

国会の種類	内　　容
通常国会（＝常会）	毎年一回1月に召集。会期150日。次の年度の予算を審議。
臨時国会	内閣が必要と認めた時，総議員の1/4以上の要求があった時。
特別国会	総選挙の日から30以内日に召集。内閣総理大臣の指名。

※緊急集会＝衆議院の解散中に重大な問題がおきたら、内閣が参議院議員だけをあつめて臨時に国会を開く事ができる。明治憲法では、天皇が独自に法律と同じ効力を持つ命令（独立命令という）を出すことができたので、緊急集会のような規定は存在しなかった。

法律制定過程

法律案は衆議院・参議院どちらに先に提出しても良い

3．内閣と国会の関係

「内閣は憲法69条に規定された場合にのみ衆議院を解散できる」とする主張は妥当であるか。

69条は、「内閣は、衆議院で不信任の決議案を可決し、又は信任の決議案を否決したときは、10日以内に衆議院が解散されない限り、総辞職をしなければならない」と定める。本条の「衆議院が解散されない限り」との文言は、解散権が内閣にあることを前提しての規定と解する余地があるが、根拠条文が明らかではない。他方「衆議院で不信任の決議案を可決し、又は信任の決議案を否

決したとき」に限り内閣が解散権を行使できる旨を定めた規定と解することも不可能ではない。上記見解は、後者の立場に立ってのものである。したがって、いずれの解釈が憲法体系上正当であるかを考察しなければならない。このような見解は、いわゆる「69条説」と呼ばれるものである。日本国憲法が、いわゆる「議会統治制」を採用しているとの理解に立つもので、当該条文自体の論理解釈としては首肯し得る点もある。しかし、この見解に立つと、内閣が政策を大幅に変更したような場合、内閣自身が民意を問う手段が、実質的にかなり限られることになる。すなわち、議会多数派が与党であってそこから内閣が選出されている場合、与党自身の内部的分裂がなければ、衆議院解散制度はほとんど機能しない。このように、多数の政党が存在し、内閣が連合政権となることが通常の状態でない限り機能しないものとして憲法の制度を解釈することは妥当ではないと解される。

これに対して、69条を解散権が内閣にあることを前提しての規定と解する場合、根拠条文が問題となる。すなわち、69条以外で明示的に衆議院の解散に言及されているのは天皇の国事行為を列挙する7条3号のみであって、7条が形式的な天皇の行為を定めているとすれば、7条柱書及び3条も形式的なものと解する方が、論理が一貫するからである。7条柱書及び3条が形式的なものであるとすると、これらの条文の「内閣の助言と承認」も形式的なものとなり、結局衆議院解散についての根拠条文が憲法上見出せないことになる。このため行政権に衆議院の解散権が含まれるとする見解（いわゆる65条説）や、議院内閣制を憲法が採用していることに根拠を求める見解（いわゆる制度説）が主張されるが、いずれも明確性に欠け、説得力を欠く。したがって、条文に直接根拠を求めるとすれば、7条柱書及び3条の「内閣の助言と承認」が、内閣の実質的決定権をも含むと理解するほかない。

もっとも、「国政に関する権能を有しない」（4条）天皇の国事行為に対する「内閣の助言と承認」が、場合によって形式的になったり実質的になったりと、文言上首尾一貫性に欠くとの批判は説得力を持つ。しかし、この点は条文の不備であると考えられ、憲法7条に従って、内閣は法的な制限なく衆議院を解散できると解される。いわゆる苫米地事件最高裁判決［最大判昭35（1960）・6・8民集14-7-1206］が、上記7条説を前提としているものと解されるこ

と、実際上の衆議院解散が7条を根拠としていることを一種の憲法習律と捉え得るならば、もはや69条説に立っての衆議院解散が行われる余地がほぼないことも、7条説の正当性を裏付ける。

　以上から、内閣は7条によって法的な制限なく衆議院を解散できるものと解されるので、上記見解は妥当でない。もっとも、政治的に、あるいは政策的に、内閣による解散権行使の限界を考慮すべきである。この点、衆議院の解散は、あくまで内閣が民意を問う手段として行使されるべきで、濫用は許されない。

　立法府と行政府が一体である議院内閣制においては、立法における行政府の役割、財政に関する立法と行政の関わり方（予算［案］とその国会審議）、外政に関する立法府の関与（条約批准の国会承認など）を理解することは重要である［参議院の緊急集会の制度（54II）は、内閣の防衛に関する職務をどう理解するかと密接に関わる］。また、国会に法律案を提出するのは、内閣であることもあるが、実際には個々の省庁であることも多い。立法における行政府の役割については、なによりも**政府提出法案が法律案の大半を占めている**ことが重要である。国会に対する内閣の責任をまとめると、「内閣は、行政権の行使について、国会に対し連帯して責任を負ふ」（66条3項）。要するに**内閣の職務は全て行政と解しうる**のであるから、ここで、行政権の行使について、とされている部分は限定の意味を持たない。**内閣は、その権限行使の全てにわたり、国会に対し責任を負う**のである。それゆえに、内閣総理大臣が「内閣を代表して議案を国会に提出し、一般国務及び外交関係について国会に報告」する（72条）だけでなく、「内閣総理大臣その他の国務大臣は、両議院の一に議席を有すると有しないとにかかはらず、何時でも議案について発言するため議院に出席することができる」し、「答弁又は説明のため出席を求められたときは、出席しなければならない」（63条）。衆参両院の委員会も、「議長を経由して内閣総理大臣その他の国務大臣並びに内閣官房副長官、副大臣及び大臣政務官並びに政府特別補佐人の出席を求めることができる」（国会法71条）とされているのである。また「内閣は、国会及び国民に対し、定期に、少くとも毎年一回、国の財政状況について報告しなければならない」（憲法91条）。以下、国会と内閣両者を結び付ける存在であり、議院内閣制の理解それ自体に深く関わる、政

党の役割について、若干の整理を行う。

4. 政　党

　日本国憲法は、特に政党に関する規定がない。というよりも、政党に関する規定を置いている憲法の方が珍しい。政党は明治憲法制定以前から日本にも存在するが、政党自体は自主的に結成される団体である。明治憲法は、そもそも既に触れたように**憲法の規定では議院内閣制を規定せず、むしろその起草者らの中には政党を歓迎していない者もいた**ようである［愛国公党に始まる、明治憲法制定以前からの政党（自由党・立憲改進党・立憲帝政党）に対して、憲法制定当初、政府が超然主義の方針を打ち出したのは、このような状況を反映している］。けれども、日本国憲法下において、最高裁は、**非拘束名簿式比例代表制を合憲とした判決**において、「憲法は、政党について規定するところがないが、政党の存在を当然に予定しているものであり、政党は、議会制民主主義を支える不可欠の要素であって、…国会が、参議院議員の選挙制度の仕組みを決定するに当たり、政党の上記のような国政上の重要な役割にかんがみて、政党を媒体として国民の政治意思を国政に反映させる名簿式比例代表制を採用することは、その裁量の範囲に属することが明らかである」［最大判平16（2004）・1・1民集58-1-1］と判示している。そもそも、「憲法の定める議会制民主主義は政党を無視しては到底その円滑な運用を期待することはできないのであるから、**憲法は、政党の存在を当然に予定している**」と判示した**八幡製鉄所事件判決**［最大判昭45（1970）・6・24民集24-6-625］においても、またその後の**南九州税理士会事件判決**［最三小判平8（1996）・3・19民集50-3-615］においても、**政党の存在を当然の前提として論じている**のである。

　政治資金規正法においては、政党は次のように定義されている。すなわち、3条1項で、まず「政治団体」について、「政治上の主義若しくは施策を推進し、支持し、又はこれに反対することを本来の目的とする団体」（同項1号）、「特定の公職の候補者を推薦し、支持し、又はこれに反対することを本来の目的とする団体」（2号）、「前二号に掲げるもののほか、次に掲げる活動をその主たる活動として組織的かつ継続的に行う団体」（3号）として、「イ　政治上の主義若しくは施策を推進し、支持し、又はこれに反対すること」及び「ロ

特定の公職の候補者を推薦し、支持し、又はこれに反対すること」のいずれか
に該当するものとする。この政治団体の定義を前提に、同条2項で「政党」
を「政治団体のうち次の各号のいずれかに該当するもの」とするのである。す
なわち、「当該政治団体に所属する衆議院議員又は参議院議員を5人以上有す
るもの」（同項1号）、「直近において行われた衆議院議員の総選挙における小
選挙区選出議員の選挙若しくは比例代表選出議員の選挙又は直近において行
われた参議院議員の通常選挙若しくは当該参議院議員の通常選挙の直近におい
て行われた参議院議員の通常選挙における比例代表選出議員の選挙若しくは
選挙区選出議員の選挙における当該政治団体の得票総数が当該選挙における有
効投票の総数の100分の2以上であるもの」（2号）と。議員5人以上と、有効
投票総数の2％以上という「絞り」が適切か、南九州税理士会事件で、「政党
など規正法上の政治団体に対して金員の寄付をするかどうかは、選挙における
投票の自由と表裏を成すものとして、会員各人が市民としての個人的な政治的
思想、見解、判断等に基づいて自主的に決定すべき事柄である」［最三小判平
8（1996）・3・19民集50-3-615］と判示している論理をそのまま推し進めれ
ば、むしろ、**政党助成金の交付それ自体が違憲となるのではないか**、などの問
題もあるが、政党となり得る条件として過大ではなく、一定の比例代表的制度
が採用されていることで合憲と考えられている。ただし、衆議院議員選挙にお
ける小選挙区制、参議院議員選挙における選挙区制は事実上大政党に有利に働
いているのであって、その点からは当然疑問もある。

　このように、政治過程の中で政党が事実上大きな意味を持つことから法的
に政党を統制すべきとの意見も強い。**トリーペル**（Heinrich Triepel, 1868-
1946）は、その講演「憲法と政党」において、政党に対する国法の態度は、歴
史的に、①敵視、②無視、③承認及び合法化、④憲法的編入と変遷している
とした。美濃部達吉による翻訳紹介がきっかけとなり、多くの憲法教科書や体
系書はこの4段階を紹介した後、日本国憲法の体制は③の段階であり、他方で
「政党は、国民の政治的意思形成に協力する。政党の結成は自由である。政党
の内部秩序は、民主制の諸原則に合致していなければならない。政党は、その
資金の出所及び用途について、並びにその財産について、公に報告しなければ
ならない」と定めるドイツ連邦共和国基本法第21条第1項は④の段階にあると

される。しかし、そもそもトリーペルの議論は、現代的な諸憲法を前提にしているわけではなく、しかも、ここでいう「憲法」は原則としては、成文の憲法典のみを指していることは留意が必要である。

　具体的に問題となる点として、政党助成法上生じうる問題点特に党内民主主義について検討しておこう。**共産党袴田事件**において、一般論としては、政党は「国民がその政治的意思を国政に反映させ実現させるための最も有効な媒体であって、議会制民主主義を支える上においてきわめて重要な存在である」[最判昭和63（1988）・12・20判時1307-113]と判示したが、政党内部の事項、党員の除名問題は司法審査の対象外であるとした。他方で、政党要件を（先に引用した政治資金規正法同様）厳格にした上で政党助成交付金を交付する要件を定める政党助成法は、要件さえ満たせば政党助成金が交付される。イギリスなどでは、党首が（党内）選挙で選ばれるのが通常であり、こういった党内民主主義は、政治上重視されている。ところで、このように、政党助成金交付の条件として**党内民主主義**を要求することは可能であろうか。換言すれば、政党助成金の交付を受けるためには「党首を党員の選挙によって選出しなければならない」との条件を法律で定めることは、憲法上の問題を生ずるであろうか。日本国憲法上は、すでに述べたように政党について直接の規定はない。21条1項が保障する「結社」の一種として容認されている。法律で「党首を党員の選挙によって選出しなければならない」との条件を定めることは、21条1項の結社の自由に対する制約となる。したがって問題は、制約が合憲であるかどうかである。表現の自由に関する21条1項に規定され、「集団的表現活動」のための権利として集会の自由と並んで規定されている結社の自由は、通常の意味での表現活動とは異なり、一定の制約には当然に服する。表現の自由それ自体が民主主義の維持強化のために認められるという側面を持っていることからすると、一見許容され得る条件であるようにも思われる。けれども、**党内民主主義を法律で強制することは、日本国憲法が、ドイツ流の「戦う民主主義」の立場を取り得る**ということを意味しかねない。ドイツの憲法典にあたる基本法は、「政党のうちで、その目的又はその支持者の行動からして、自由で民主的な基本秩序を侵害し若しくは除去し、又はドイツ連邦共和国の存立を危うくすることを目指すものは、違憲である。その違憲の問題については、連邦憲法裁

判所がこれを決定する」〔ドイツ連邦共和国基本法21条2項〕という規定を持つ。これに関連して、ドイツの連邦憲法裁判所は、1952年10月23日の社会主義国党（SRP）違憲判決（BVerfGE 2, 1）及び1960年12月20日のドイツ共産党（KPD）違憲判決（BVerfGE 5, 85）を下しているのである。

　日本の場合は、憲法上一種の国家機関として政党を認めるドイツの憲法とは異なり、政治上大きな役割を果たしているにせよ、あくまで憲法21条1項が保障する「結社」として成立する政党に対して、党内民主主義を法律で強制することができるかは疑問である。議院内閣制を採用する以上、イギリス、そしてコモンウェルス諸国の制度こそが参照に値する。これらの諸国においては、党内民主主義の確保は、原則として各政党の自主性に委ねられている。なぜそのように解されているかというと、そもそも「党内民主主義」の内容が一義的には確定できないからである。イギリスの例を見れば、投票権者は、下院議員のみから一般党員に拡大されてきたが、一般党員に拡大されていなければ違憲だとの考えは存在しなかったのである。

5．財　政

　財政とは、一般に国や地方公共団体が、その任務遂行のために営む経済活動のことである。憲法が財政の章を設けているのは、国が経済的活動をするためには税金を権力的作用の行使として徴収することへの意義がそもそも近代立憲主義当初から問題とされてきたこと〔マグナ・カルタにもその萌芽があったし、アメリカ独立宣言のスローガンは「代表なくして課税無く、代表無き課税は専制である」であった〕を想起すれば十分であろう。憲法が納税の義務を定める（30条）とともに、「あらたに租税を課し、又は現行の租税を変更するには、法律又は法律の定める条件によることを必要とする」（84条）と規定しているのはこのような意味が込められている（**租税法律主義**）。

　日本国憲法は、明治憲法が第6章「会計」で規定した内容を第7章「財政」で規定する。行政権優位であった「会計」と異なり「財政」の章では国会の権限が強化されている（**財政立憲主義**）。**予算案**は内閣が策定し国会が承認するが（73条5号・60条）、86条で改めて「内閣は、毎会計年度の予算を作成し、国会に提出して、その審議を受け議決を経なければならない」ことを規定す

る。なお予算は「予算総則、歳入歳出予算、継続費、繰越明許費及び国庫債務負担行為」によって構成される（財政法16条）。そして「財政」の章は冒頭で「国の財政を処理する権限は、国会の議決に基いて、これを行使しなければならない」（83条）とする。これらの規定は、**政府（内閣）は、政策実行のために予算案を策定するが、国民の代表機関であり（43条）、国権の最高機関である（41条）国会が承認することで初めて予算を使用できることを示している。**なお内閣が作成する予算は国会審議と議決を経る（86条）というが、ここでいう予算に関する国会の議決が何を意味するかが問題になることがある。すなわち、予算は法律なのかそれとも法律とは異なるものなのかということである。条約も内閣が締結して国会が承認するもので（73条3号）、条約批准後は原則として法律と同等ないし法律以上の効力を持つものとされるが、条約承認の議決は法律の制定と同義ではない。予算の場合、憲法の用語法では、内閣が作成するものは「予算案」であるはずのところを「予算を作成」する（73条5号）としている。すなわち国会の議決が予算が法的に有効なものとなる条件となっている。ここで問題となるのは、①内閣提出の予算に対して国会は修正が可能か、②減額増額の修正はいずれも可能か、③そして予算に関する議決は諸外国がそうであるように「予算法」であるのか、である。憲法の規定は法律とは異なるものとして予算を規定しているようである。憲法制定直後は、予算は行政であり、条約の事後修正があり得ないのと同様に、原則として減額修正はありえないとしていたが、実務・学説ともに、現在、予算は法律との不一致も生じ得る予算法形式説に立っているとされる。学説の名称が問題なのではなく、要は内閣が政策として実施する法律に根拠をおいた行政を行うために予算の裏付けがない、ということが生じないように実務が行われる必要があり、財政立憲主義が実質的なものとなるためにも、国会の予算への関与が形式的なものであってはならないということである。憲法が予備費を認めつつも国会の関与について具体的に規定しているのもこの観点から理解できる（87条）。

　決算と財政状況報告について90条1項に規定がある。**決算は、一会計年度における国家の現実の収入支出の実績を示す確定的計数を内容とする国会行為の一形式**である。「会計検査院の組織及び権限は、法律でこれを定める」（91条2項）ものとされる。会計検査院は決算内容の合法性と的確性を法的見地から検

査する。国会が政治的見地から議論をするのとは異なり、専門的見解を提示するものであり、検査官会議と事務総局によって組織される（会計検査院法2条）、「内閣に対して独立の地位を有する」（同法1条）行政機関である。また、「内閣は、国会及び国民に対し、定期に、少くとも毎年一回、国の財政状況について報告しなければならない」（91条・なお財政法46条参照）。

確認問題（16）

次の文のうち、適切なのはどれか。

1．内閣は、国政に関する調査を行い、これに関して証人の出頭および証言ならびに記録の提出を要求することができる。

2．内閣総理大臣は、国会議員の中から国会の議決で、指名される。

3．衆議院と参議院はそれぞれが独自に内閣不信任決議を行うことが憲法の明文上認められている。

4．憲法上、議決の効力の点で衆議院の参議院に対する優越性が認められるのは、内閣総理大臣の指名、法律案の議決、予算の議決に限られる。

第12講　裁判所と司法権—裁判のデザイン構想

1．裁判所

　現在の日本の裁判は原則として三審制である。刑事裁判の第一審は原則として地方裁判所であるが、罰金刑の場合、簡易裁判所が第一審となることがある。少年事件の場合には家庭裁判所が第一審となる。また民事裁判は、第一審が簡易裁判所（訴訟額が140万円未満・裁判所法33条）である場合、また家庭裁判所である場合（家事事件など）がある。こういった基本構造の上で、全国に高等裁判所が8箇所置かれ、第一審は、基本的には、簡易裁判所・地方裁判所・家庭裁判所などで行われる。裁判の種類としては、原則として刑事裁判（検察官が原告・被疑者は被告人）及び民事裁判（原告：訴えを起こした人と被告：訴えを起こされた人との裁判）が原則で、これらの応用的裁判として行政裁判、労働裁判などがある。

　刑事裁判であれば、通常次のような形で審議される。

第一審⇒控訴⇒第二審高等裁判所⇒上告⇒最終審・最高裁判所

　民事裁判の場合は、第一審が地方裁判所または家庭裁判所の場合、上記と同様であるが、第一審が簡易裁判所の場合は、

簡易裁判所⇒控訴⇒地方裁判所⇒上告⇒高等裁判所⇒上告⇒最終審・最高裁判所

となって、実質4回審理を受ける可能性が出てくる。三審制とは言いつつも、「三回」審理をすることに重点があるのではなくて、**複数回の審理を受けることを保障する**ことをもって、「慎重な」審理を受けることが「裁判を受ける権利」（32条）の保障に資するという点に重点がある。

　日本の最高裁判所は**司法審査それ自体には積極的**である。と同時に、違憲判

断を下すことには極めて消極的である。その背景にあるのはなんであろうか。

第1に、最高裁判所判事の任期はそれほど長くない。そのため、判決に一貫性を見出すのは困難である。第2に、しかし、ある程度学説の影響を受けて、詳細な判決理由を提示するようにはなっている。第3に、近年若干の増加傾向にあるものの、今後憲法違反の判断が急激に増えることは考えにくい。

内閣法制局が、従来、法案を厳重にチェックした上で国会に提出していたこ

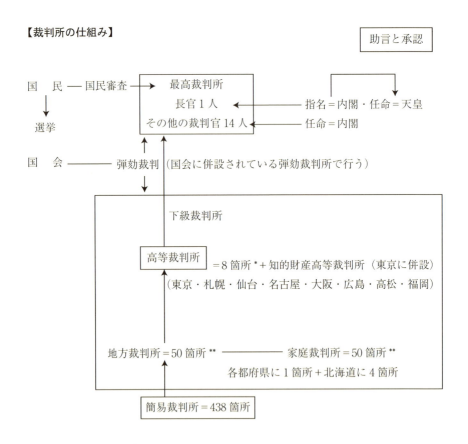

* 高等裁判所の支部は6庁
** 支部全てを含めれば、253庁。
※簡略なものであるので刑事事件や少年事件についての細かな手続きについては省略している。

第12講　裁判所と司法権―裁判のデザイン構想

とが、違憲判断が少なかった最大の理由であると解される。

2．司法審査の原則

81条は「最高裁判所は、一切の法律、命令、規則又は処分が憲法に適合するかしないかを決定する権限を有する終審裁判所である」と規定する。日本国憲法制定直後には、この規定が最高裁判所のみに憲法適合性審査の権限を与えたものであるとする学説が唱えられた（佐々木）。しかし、最高裁判所は、1948年7月8日の判決［最大判昭23（1948）・7・8刑集2-8-801（裁判所法施行法等違憲訴訟）］において、次のように判示している。

　　現今通常一般には、最高裁判所の違憲審査権は、憲法第81条によつて定められていると説かれるが、一層根本的な考方からすれば、よしやかかる規定がなくとも、第98条の最高法規の規定又は第76条若しくは第99条の裁判官の憲法遵守義務の規定から、違憲審査権は十分に抽出され得る。

その上で、**警察予備隊違憲訴訟**［最大判昭27（1952）10・8民集6-9-783］において、次のように判示して、抽象的違憲審査権を否定した。

　　我が裁判所は具体的な争訟事件が提起されないのに将来を予想して憲法及びその他の法律命令等の解釈に対し存在する疑義論争に関し抽象的な判断を下すごとき権限を行い得るものではない。けだし最高裁判所は法律命令等に関し違憲審査権を有するが、この権限は司法権の範囲内において行使されるものであり、この点においては最高裁判所と下級裁判所との間に異なるところはないのである（憲法76条1項参照）。…［申立人は］憲法81条を以て主張の根拠とするが、同条は最高裁判所が憲法に関する事件について終審的性格を有することを規定したものであり、従って最高裁判所が固有の権限として抽象的な意味の違憲審査権を有すること並びにそれがこの種の事件について排他的すなわち第一審にして終審としての裁判権を有するものと推論することを得ない。

現在でも、ドイツやオーストリアの憲法裁判所と同じではないが、類似する

167

機能を営むものとして81条を解釈する立場がないわけではない。が、これらの最高裁判所大法廷によって示された判示はもはや覆らないものと解する立場が有力である。さらに、そのような解釈こそが日本国憲法の解釈として正当とする立場が存在し、著者もまたその理解を共有する。ここで最高裁判所が憲法判断を行ったすべての判決を検討対象とすることが、司法審査の「特徴」を見出そうという目標に適う。しかし、主要なものだけでも相当の数であるから、司法権の役割と司法審査の対象と限界に関する主要な判例のみを取り上げる。

3．司法審査の枠組みと憲法適合性審査

(1) 司法権

　司法審査の問題それ自体に取り組む前に、日本で「付随的司法審査制」がとられているとの理解の前提となる、「司法権」概念の理解について触れておく。裁判所も前提としているのは、司法権は歴史的概念であるということである。明治憲法は行政裁判所を設けていたために、行政庁の行為に対する審判は司法権の対象外であると解されていた。76条 2 項は特別裁判所の設置を禁止し、行政機関が終審として裁判を行うことを否定したため、日本国憲法の下では、司法権の対象は一切の国家作用であると解されている。このような理解を前提としながら、「裁判所は、日本国憲法に特別の定のある場合を除いて一切の法律上の争訟を裁判し、その他法律において特に定める権限を有する」と規定する裁判所法 3 条 1 項をどのように解釈するかによって説が分かれる。伝統的な理解に従うと、主として民事訴訟を念頭に置いた伝統的な**事件性の要件**、つまり法主体間の具体的な権利義務をめぐる紛争という要素を中心に考え、**事件性の要件は、裁判所法にいう「法律上の争訟を裁判」する作用と同一視される。**この解釈では、裁判所法にいう「法律において特に定める権限」と「具体的事実について法を宣言し、維持する国家の作用」とがどういう関係に立つのか、必ずしも明らかでない。この権限を法定すること自体、憲法上どう根拠付けられるかについてもあいまいであるとの批判があるが、憲法76条 1 項は、権力分立原理を背景とした権限配分規定の一環として、立法権・行政権と同様に、実質的な意味で理解すべきであり、「司法とは、一般に、具体的事実について法を宣言し、維持する国家作用」であるという解釈を前提にしている

ようである。ここで触れた批判は、憲法上、「司法権」の本質が解釈論として確定可能だというのである（佐藤幸治）。すなわち、裁判所の役割を、**典型的な「裁判」機関（法原理部門）**であることに求め、**司法権の本質部分は、具体的事件・争訟性**が要件となるが、それらの周辺領域にある争いも、法原理機関としての基本的性格に反しない限度で、法政策的に決定され得ると解される。すなわち、前者（具体的事件・争訟性を持つもの）が裁判所法3条1項のいう「法律上の争訟」であり、後者が「法律において特に定める権限」（裁判所法3条1項）にあたり、いずれも法原理機関としての通常裁判所が行うべき司法権の範囲に入ると解する。すなわち、伝統的な解釈も、ここで触れた批判的な解釈も、司法権観念に法律上の争訟・事件性の要件を読み込むのである。

これらに対し、司法権の観念から**「法律上の争訟」の要件を除外しようとする試み**がある（高橋）。すなわち、憲法上の司法権は「適法な提訴を待って、法律の解釈・適用に関する争いを、適切な手続の下に、終局的に裁定する作用」であるとする。

いずれの立場に立つにせよ、日本においては、そもそも司法権の対象ではない、裁判所が扱うべき対象ではないという理由で訴訟を棄却ないし却下する例が非常に目立つことは注目されて良いであろう［**司法消極主義**］。

(2) 司法審査の対象

憲法81条は「一切の法律、命令、規則又は処分」につき司法審査を行う［＝憲法に適合するかしないかを審査する］ことができると規定する。この規定の文理解釈によって、条約［国連憲章や国際人権規約などの多くの国家が参加するものも、日米安保条約のように二国間条約も、いずれも含む］については別途の考慮が必要であるものの、基本的に一切の国家行為が対象となる。裁判所の判決についても、処分に含まれるとされている［最大判昭23（1948）・7・8刑集2-8-801］。旧日米安保条約の日本国憲法9条との適合性が争われた、いわゆる**砂川事件判決**［最大判昭34（1959）・12・16刑集13-13-3225］は、旧日米安保条約を「高度の政治性を有するもの」で、それが「違憲なりや否やの法的判断は、純司法的機能をその使命とする司法裁判所の審査には原則としてなじまない性質のものであり、従つて、一見極めて**明白に違憲無効であると**

認められない限りは、裁判所の司法審査権の範囲外のもので」あると判示している。しかし条約が全て司法審査権の対象外となると判示しているわけではない。条約については明示的に司法審査権の対象外であるとする判決は存在せず、判例上は一応、一般的に司法審査の対象となると解される。学説は憲法81条の条文のいずれの用語に位置付けるかについての見解の相違であると言える。また、より詳しく言えば、憲法第8章の「地方自治」で規定されている地方公共団体が制定できる条例、憲法が、法律以外の法形式として規定を置く衆参両院の議員規則及び裁判所規則についても、81条規定のいかなる文言によって対象となるかにつき、解釈上の争いがあるが、いずれにせよ司法審査の対象となることについて争いはないので、ここでは特に立ち入らない。

(3) 司法審査の形式的要件

　最高裁判所は、訴訟法上の形式的な要件の観点からして疑義があっても一応の判断を下すことがあるが、実質的には否定的な結論を下すか、憲法違反ではないとの判示を行うことがあり、警察予備隊違憲訴訟［最大判昭27（1952）・10・8民集6-9-783］はその代表例とも解される。しかし、それは司法権の観念をどのように解釈するかの問題に収斂するので、すでに述べたところに譲る。なお憲法は、55条（議員の資格争訟の裁判）、64条（弾劾裁判所による裁判官の弾劾裁判）が、司法権の対象から形式的に除外される旨示している。ここで実質的な司法審査の限界について、まず、憲法判断回避の準則について述べておこう。これはアメリカ合衆国の判決 Ashwander v. Tennessee Valley Authority, 297 U. S. 288(1936) におけるブランダイス裁判官（Justice Louis Dembitz Brandeis, 1856-1941 ［ハーバード大学教授も務めている］）が、その意見（Concurring Opinion）で示した諸準則（Brandeis Brief）を、日本の裁判所が受け入れたものであるとされる。「裁判所は、憲法問題が記録によって適切に提出されているとしても、その事件を処理することができる他の理由がある場合には憲法問題について判断しない」（第4準則）と、「裁判所は、法律の合憲性について重大な疑いが提起されたとしても、その問題を回避できるような法律解釈が可能であるか否かをまず確認すべきである」（第7準則）という2つの準則が重要であると言われてきた。これを典型的に

示しているとされているのは、下級審の判決ではあるが、憲法9条と自衛隊法121条の関係が争われた恵庭事件判決［札幌地判昭42（1967）・3・29下刑集9-3-359］である。恵庭事件においては、略述すれば、結論を導くのに必要でなければ、問題となっている法令が憲法に適合するかしないかについて審査する必要はない、とされたのである。これを以て司法消極主義の現れであるとするのが有力な理解である。けれども、最高裁判所がこのような意味での憲法判断回避の準則を真に受け入れていると言えるのかには疑問がある。合憲の結論を導いている多くの判決において、政治部門の判断に対する過度の敬譲を示していると考えられているからである。

（4）違憲判断の特徴

　最高裁判所は、法令の文面またはその法令の適用が違憲であるとの判決をほとんど下してきていない（近年にわかに件数が増えている）。法令の文面または行政処分に対しての違憲判決は、13件である。

①尊属殺重罰規定違憲判決（14条）［最大判昭48（1973）・4・4刑集27-3-265］、②薬局距離制限違憲判決（22条）［最大判昭50（1975）4・30民集29-4-572］、③衆議院議員議員定数不均衡訴訟違憲判決（14条）［最大判昭51（1976）・4・14民集30-3-223］、④同じく衆議院議員議員定数不均衡訴訟違憲判決（14条）［最大判昭60（1985）・7・17民集39-5-1100］、⑤森林法共有林規定違憲判決（29条）［最大判昭62（1987）・4・22民集41-3-408］、⑥郵便法違憲判決（17条）（特別送達郵便物損害賠償責任免除違憲判決）［最大判平14（2002）・9・11民集56-7-1439］、⑦在外日本国民選挙権訴訟（15条）［最大判平17（2005）・9・14民事集59-7-2087］、⑧非嫡出子の国籍取得制限事件（14条）（国籍法3条1項違憲訴訟）［最大判平20（2008）・6・4判時2002-3・判タ1267-92］、⑨非嫡出子法定相続分規定違憲判決（14条）［最大判平25（2013）・9・4・裁判所webサイトに掲載］、⑩女性の再婚禁止期間規定違憲判決（2015（平27）・12・16民集69-8-2427）、⑪在外国民の裁判官国民審査権制限規定違憲判決（2022（令4）・5・25民集76-4-711）、⑫性別変更要件の生殖機能喪失規定違憲判決（2023（令5）・10・25民集77-7-1792、⑬旧優生保護法の強制不妊手術規定違憲判決（2024（令6）・7・3判例集未登載）で

ある。

　これに対して、法令そのものは合憲と解する（あるいは特に判示しない）が、事件で問題となっているものに適用される限りで違憲であるとする、いわゆる適用違憲の裁判は数え方によるが、一定数存在する。ただし、通常は「処分」を違憲と判断したに過ぎないもので、処分違憲でなくあえて「適用違憲」という必要がある判示はそれほど多くない。

　「処分違憲」としては、愛媛県知事の靖国神社・県護国神社に対して行われた、玉串料等の、22回にわたる合計16万6000円の支出「処分」を違憲とした**愛媛玉串料訴訟**［最大判平9（1997）・4・2民集51-4-1673］が典型であり、最近下された**空知太神社判決**［最大判平22（2010）・1・20民集64-1-1］も市有地の連合町内会への無償提供「処分」を違憲としたものであった。2021年の孔子廟訴訟［2021（令3）・2・24民集75-2-29］もこれと類似の判決（那覇市管理下の公園内にある孔子廟の賃貸料を免除したことが20条3項に反するとされた）である。単純な窃盗事件に関する被疑者が逃亡の恐れもないのに過度に長期にわたって（109日）拘禁された後に得られた自白を元に有罪判決を下した下級審判決を38条2項違反と判示したもの［最大判昭23（1948）・7・19刑集2-8-944］などは、刑事訴訟法学説において取り上げられることがあり、これを適用違憲とする見解があるが、疑問であり、処分違憲と見るべきであろう。「適用違憲」判決の典型例は、**第三者所有物没収事件**である［最大判昭37（1962）・11・28刑集16-11-1593］、と解される。実は最高裁判所の判決は、適用違憲には基本的に懐疑的である。

　以下、まずは法令違憲判決の特徴を、判決文に即して概観しよう。

　まず、判決①尊属殺重罰規定違憲判決は、尊属殺人を通常の殺人より重く罰する規定を置いていた旧刑法200条が日本国憲法第14条1項に反すると判示した。けれども、「重く罰する」ことそのものを憲法違反としたのではなく、情状酌量しても執行猶予がつかないことから、罰則が「重過ぎる」として憲法違反としたのである。立法目的として「尊属の殺害は通常の殺人に比して一般に高度の社会的道義的非難を受けて然るべきである」ことを不合理ではないとしているのは、同じ判決において示されている反対意見においてすら反論されているもので、現時点から見れば結論はともかくとして理由付けには相当の疑問

第12講　裁判所と司法権―裁判のデザイン構想

が呈されている。

　判決②薬局距離制限事件は、薬局開設の距離制限をしていた旧薬事法6条2項並びに県の条例は日本国憲法22条に違反すると主張する原告によって提起された訴訟に対する判決である。本判決は、職業に対する規制について、「規制措置が憲法22条1項にいう公共の福祉のために要求されるものとして是認されるかどうかは、これを一律に論ずることができず、具体的な規制措置について、規制の目的、必要性、内容、これによって制限される職業の自由の性質、内容及び制限の程度を検討し、これらを比較考量したうえで慎重に決定されなければならない」。このような「検討と考量をするのは、第一次的には立法府の権限と責務である」。職業に対する規制措置が許可制を採用することは、問題となっている法令の目的とその目的達成の手段としての合理的関連性があるかによって決せられる。「医薬品は、国民の生命及び健康の保持上の必需品であるとともに、これと至大の関係を有するものであるから、〔中略〕業務の内容の規制のみならず、供給業者を一定の資格要件を具備する者に限定し、それ以外の者による開業を禁止する許可制を採用したことは、それ自体として公共の福祉に適合する目的のための必要かつ合理的措置として是認することができる」。本件で問題とされている薬事法の規定は、立法者による提案理由を見ると、薬局の「適正配置規制は、主として国民の生命及び健康に対する危険の防止という消極的、警察的目的のための規制措置であ」る。けれども、「競争の激化―経営の不安定―法規違反という因果関係に立つ不良医薬品の供給の危険が、薬局の段階において、相当程度の規模で発生する可能性があるとすることは、単なる観念上の想定にすぎず、確実な根拠に基づく合理的な判断とは認めがたいといわなければならない」。したがって、薬事法の規定は「不良医薬品の供給の防止等の目的のために必要かつ合理的な規制を定めたものということができないから、憲法22条1項に違反し、無効である」。理由付けそれ自体は従来の判決に比べて若干緻密にはなっている。立法事実の不存在を理由として違憲の結論を導いていることは憲法適合性審査の手法として判決①より説得的ではある。

　判決③は、衆議院議員議員定数不均衡裁判訴訟違憲判決であるが、公職選挙法が明文で準用を禁止している行政事件に関する一般的な訴訟法である行政事

173

件訴訟法が採用している事情判決という手法を法の一般原理であるとなし、選挙自体は無効としなかったことから、政治的なインパクトは弱いものであった。これは④にも同様の問題があった。

判決⑤森林法共有林規定違憲判決は、判決②を引用して、立法府の判断が合理的裁量の範囲を超えるものとなる場合に限って、財産権の規制立法を憲法29条2項違反と言うことが出来ると判示する。本件は共有物の分割に対する制限を課していた森林法186条について、「共有物がその性質上分割することのできないものでない限り、分割請求権を共有者に否定することは、憲法上、財産権の制限に該当し、かかる制限を設ける立法は、憲法29条2項にいう公共の福祉に適合することを要するものと解すべきところ、共有森林はその性質上分割することのできないものに該当しないから、共有森林につき持分価額2分の1以下の共有者に分割請求権を否定している森林法186条は、公共の福祉に適合するものといえないときは、違憲の規定として、その効力を有しないというべきである」と判示した。本判決は、②の判決と並んで、経済的自由の領域に関する22条及び29条という、日本国憲法上、「公共の福祉に反しない限り」という一般条項的な権利制限文言が付されている権利に関わる。後に検討するように、合憲性に多くの疑問が提出されている法令に関して、かなりの無理をして合憲判断を下している（合憲限定解釈と呼ばれる手法で、先にふれた憲法判断回避の準則との類似点が指摘できる）のとは対照的である。すなわち、違憲判決がこれらの判決において下されたことそれ自体は異論がないが、同じ論理からすれば、もっと多くの違憲判断が出ているのではないかとの疑問がある。このような点を踏まえて、判決⑥以下についても若干の概観をしておくことにする。判決⑥〜⑬は、新傾向の判決である。

判決⑥郵便法違憲判決は、国の賠償義務（17条）との関わりで一定の画期性を持ったものと理解することが可能である。また、判決⑦在外日本国民選挙権訴訟は、いわゆる立法不作為の違憲確認訴訟を、限定的にではあるが認めたもので、選挙権の性質論の観点からも、また行政事件訴訟法の規定の解釈との関わりでも、大きな意義を持つ判決であると解される。この点⑪も同じインパクトがある（立法不作為の違法性を認定している）。⑧非嫡出子の国籍取得制限に関する国籍法違憲判決は若干特殊な判断手法であって、法令の一部（国籍法

３条１項）を違憲とした上で、国籍を求める主張を（国籍法の明文に反して）認めている。

　⑨非嫡出子法定相続分規定違憲判決は法律（民法）条文の違憲判決であるが、適用範囲が法廷意見によって限定されており、今後議論になるであろう。

　判決⑩は長年の女性差別にかかわる判決であり、判決の直接の影響では必ずしもないが法規定の削除にまでいたっている。

　判決⑫は「性同一性障害の性別の取扱いの特例に関する法律」にある生殖不能要件にかかわるものであり、大きな異論が存在する。

　2024年時点で最新の違憲判決が⑬で、現行法でない法律の違憲判決という理解が難しい判決である。

　以上の**法令違憲（厳密には③④は異なるが）判決**は、ad hocな意味では妥当性があるとしても、全体として首尾一貫したものを見出すことは困難である。

　ここで**処分違憲**に関する判決についても若干考察しておこう。愛媛県知事が靖国神社・県護国神社に対する玉串料等を22回にわたって、合計16万6000円を支出した「行政処分」を違憲とした判決である。本判決は、津地鎮祭判決［最大判昭52（1977）・７・13民集31-４-533］（結論は合憲）の判断枠組みである「目的効果基準」を表面上は用いているように見えながら、実際には、当てはめに疑問があり、判決の論理構成に多くの疑問が出されている判決である。ここで言う「目的効果基準」は、アメリカ連邦最高裁で形成されたいわゆる**レモンテストを換骨奪取したもの**として批判があったものであり、本判決によって、少なくとも判例上は、かえって混乱が拡大したように思われる。

　適用違憲判決である**第三者所有物没収事件**は、最高裁判所のものとしては違憲との結論を下している唯一の例であるため、傾向を言うのは困難であるが、逆に言えば、同様の主張に対する合憲との結論が非常に多いことを示している。

　そこで、**(5)** において、合憲との判示を下している判決にも検討対象を拡大し、何らかの特徴を見出し得るかにつき若干の検討を行う。

(5) 判決理由の変遷

　日本が占領下にあった1952（昭和27）年4月までは、現在から見れば、かなり乱暴ともいえる理由付けで簡単に上告人の主張を退けている。占領下であるためか、判決理由も「ただしポツダム宣言受諾の趣旨にもとづく当然の法的要請である」［最大判昭24（1949）・6・13刑集3-7-974］とすら答えることもあり、価値は乏しい（尾吹）。その後、2人の学者長官の時代、2代目田中耕太郎および3代目横田喜三郎の時代は、若干長官の個性が現れたと見ることも可能である。田中耕太郎は学者出身であるが文部大臣も勤め、特に9条関係の裁判においては自己の主張を前面に押し出した判決を書いている（田中はキリスト教徒でかつ保守派である）。但し、基本的人権侵害の主張に対しては、法律の条文を引用して、その趣旨は「公共の福祉」を達成するためにあるからやむを得ない、とする判断が目立つ。これは理由とは言いがたく、まだ理由付け自体が非常に荒削りなものである。横田喜三郎は国際法の研究者としても著名で、また平和主義者としても首尾一貫していたと見られていた。在任中にアメリカ連邦最高裁の判例を精査し、大著『違憲審査』をまとめており、最高裁判所の判決文を精緻なものとする一要因を作った。この時期から、結論において合憲判断を下すとしても、判決理由が詳細なものとなっていく。従来は長文の理由が示されていても、立法事実の審査が非常に表面的であったが、少なくとも違憲審査が、一定の理論枠組みに基づくものでなければならないという意識は共有されるようになったと解される。1965年（昭和40年代）以降、若干名のリベラルな政治思想を持った裁判官が任命されていた時期に、初の法令違憲の判断が示されているが、5代目長官の石田和人が任命されてからは、1987年の森林法共有林規定違憲判決以降、およそ10年間違憲の判決が下されていない。もちろん、実際の違憲主張が全て合理的であるわけではないので、違憲判断が下されていないからといって最高裁判所の行動が不適切であるわけではないが、実際には、かなり無理をして合憲であるとの結論を導いている判決も存在する。

　判決の理由付けが、結論が合憲であると違憲であるとを問わず、初期には裁判官自身が大日本帝国憲法下で法曹教育を受けていた世代であることも反映されてか簡潔に過ぎる理由付けが目立った時期がある。その後、アメリカ連邦最

第12講　裁判所と司法権―裁判のデザイン構想

高裁の判決が意識され、また日本の法曹教育の要とも言える司法修習所において憲法訴訟に関する講義が行われたこともあってであろう、理由付けそれ自体は時期を追って詳細なものとなっているが、理論で重視された面とは若干のずれが見られるように思われる。すなわち、実際に下された違憲判断は、基本的人権の領域においては、精神的自由に関するものはわずかで、ほとんどが経済的自由権、財産権に関するものである。また、一見政治的インパクトがあるように思われる公職選挙法に関する議員定数の不均衡を違憲と宣言する判決も、実際の選挙を無効とはしないため、同様の主張に対するリップサービスになってきたように思われる。

　あえて一言で特徴付けるとすれば、**従来の最高裁判決は、行政府・立法府に対して可能な限り政治的影響を与えないようにとの政治判断が先行していた**と解される。そして、軍備を禁じていると学者の多くが理解している日本国憲法９条に関する判決についても、同様の主張がなされてきた。しかし、最も大きな理由は、日本の自衛隊に関わるほとんどの法令は、内閣法制局が政府の有権解釈としての一貫性を損なわないように慎重な解釈を伴った法案を国会に提出してきたのであった。

　最高裁判事に法制局出身者が１人や２人いたところで、必ずしも多数意見が法制局よりになるわけではない。けれども、少なくとも法制局の意見を軽視できないことは明らかである。内閣法制局は憲法上明文でその権限を認められた機関ではないけれども、フランスのコンセイユ・デタが担ってきた、政府の諮問機関としての役割を果たしてきたと解される。

　従来多くの学者が、最高裁判所における違憲判決の少なさを一方的に攻めることとなった要因は、この点についての過小評価にあるのであろう。もちろん、だからと言って、積極的に合憲判断を下すことが正当化される理由にはならない。積極的な合憲判断は、まさに政治的な動機によって行われていると解されるからである。最高裁判所の積極的な合憲判断は、とくに先に少し触れた９条と、労働基本権に関する領域で目立っている。著名なのは、国家公務員法上の争議行為に関する刑罰規定を、憲法に適合するように解釈する、いわゆる合憲限定解釈を行っていたのを、「刑罰規定の明確性を失わせる」との理由で覆した、全農林警職法事件が注目される。判例変更の理由が説得的ではないこ

とが、少数意見で指摘されているからである［最大判昭48（1973）・4・25刑集27-4-547］。

（6）今後憲法違反の判断は増えるか？

　裁判員制度導入の影響か、無罪判決が倍増しているとの報道が裁判員制度開始直前に行われた。しかし、ここで取り上げた判決⑥⑦のような例は、現時点ではあくまで例外にとどまり、今後も詳細な理由付けは付されるが、合憲であるとの判決は多く下されていくことになるであろう。最高裁判所は事実審ではなく、法律審であるから。日本の最高裁判所の司法審査の特徴は、憲法問題を取り上げること自体には積極的で、違憲判断を下すことには消極的であることにある。

　一つの要因として、内閣法制局が政府提出法案についてはあらかじめ、憲法を含む法令との整合性についてチェックをしていることが挙げられる。もっとも、だからと言って、直ちに当該法令に違憲の疑いがなくなるわけではない。けれども、現在までの法令違憲判決は全て、議員提出の法律であるか、大日本帝国憲法下で制定されていた法律に対してのものである。このことは、日本国憲法制定後の法律について内閣法制局の事前チェックが、一定の影響を与えていると分析することを妨げない。けれども、このような指摘は、最高裁判所の判決において、法律が憲法に適合していると判断することの積極的根拠となるとは言えない。ひとつ言えることは、今後も、古い時期に制定され、改正されないまま維持されている法律が違憲と宣告されることはあるであろうが、そうでない法律について違憲判断が下される蓋然性は依然として低いであろうということである。また、行政処分に関する判断については未知数である。

第12講　裁判所と司法権─裁判のデザイン構想

確認問題（17）

　裁判所、司法権ならびに違憲審査制について述べた次の文のうち最も適切なものはどれか。

1．裁判官は、その良心に従って裁判しなければならないと憲法は定めている。よってキリスト教を信仰する裁判官が離婚を許さないことが自己の良心と考える以上、離婚請求を却下することも憲法の精神に合致する。

2．条約は、すべて高度の政治性を有するから、憲法に優先する効力を持つものと認められる。したがって、裁判所の司法審査の対象とはならない、というのが判例である。

3．最高裁判所は、法律を憲法に適合しないと判決した場合、その判決要旨を官報に公告する手続をとることによって、その法律をただちに廃止することができる。

4．衆議院の解散は、極めて政治性の高い国家統治の基本に関する行為であって、たとえそれが法律上の争訟となり、これに対する有効・無効の判断が法律上可能である場合であっても、かかる行為は裁判所の審査権の外にあるとするのが、判例である。

179

おわりに―憲法改正手続と国民主権

　本書の最後に、国民主権の典型的な現れであり、そして日本においては通常の手続きでの憲法改正が一度も行われていないことから理論的研究ばかりが積み重なる、憲法改正手続における国民投票について述べる。

　96条1項は「この憲法の改正は、各議院の総議員の3分の2以上の賛成で、国会が、これを発議し、国民に提案してその承認を経なければならない。この承認には、特別の国民投票又は国会の定める選挙の際行はれる投票において、その過半数の賛成を必要とする」と規定する。このように、96条は**憲法改正について国民投票で過半数の賛成を得ることを要請している**。ここで、「国会は、必要があると認められるときは、議決により法律案を国民投票に付することができる。その場合、投票の過半数の賛成があるときは、右法律案は法律として成立する」との法律が制定された場合、どのような憲法上の問題が生ずるかを考えてみよう。

　このような法律が制定された場合、96条1項前段の各議院の総議員の3分の2以上の賛成という要件をはずして、実質的に憲法典を改正する内容を持った法律を「国民の過半数の賛成がある」との理由で成立させることになりかねない。人権制約的な内容を伴う、例えば監視カメラ設置や通信傍受（wiretapping）を行う権限を、行政機関、特に警察や自衛隊に与える法律や、自衛隊法が、ここで仮定されているような法律として国民に提案されることを考えてみれば、大きな問題があることがわかる。

　すなわち、上に挙げた仮想法律は、ナチス・ドイツが制定した授権法［民族および国家の危難を除去するための法律（Gesetz zur Behebung der Not von Volk und Reich）］と同様の効果を持ちかねない危険性を持つ。国民投票の過半数というのは決して容易な要件ではないから、そのような危惧は杞憂であるとの反論も考えられる。けれども、フランス第5共和制憲法が、第4共和制憲法の改正手続を無視して直接の国民投票（プレビシット）によって成立したことを想起するのは有用であろう。そもそもこのように法律の成立要件に国民投票を関わらせるような法律は、国会が唯一の立法機関であるという41条に反す

るのではないか。このような法律を合憲と解する立場をとると、41条との関係が説明し難いほか、96条1項で規定される衆参両議院が憲法改正を発議する要件としての総議員の3分の2以上の賛成という要件は改正可能な要件であるととらえなければ首尾一貫しない。

　日本国憲法の解釈として、法的限界があるということはできるが、実際に成立した改正を無効であると主張することは、実は難しい。従来の憲法改正限界論のうち有力であるのは、憲法の条文を、体系性を持って読み取ろうとするならば、改正規定は他の憲法条文より高度の基本性を持つ規範であるとする考え方に立ちつつ、憲法制定権力と憲法改正権限の峻別を図る説である（清宮）。日本国憲法の解釈学説としてはこの考え方が穏当であろう。もちろん、市民が市民生活の実感から運動として反対または賛成することはあり得る。

　憲法改正論議の歴史の中で、各時代は、次のように特徴づけられる。1955〜64年は、天皇制論と、9条2項の削除、改正要件の緩和、国民投票規定の削除が主張された。この時期の改憲案は、今でもほぼ同様に主張される。これに対して、1965〜80年は、自民党案が出されただけである。経済的に安定していた時期には、改憲提案があまりないようである。1981〜90年は、多くの個人が改憲提案をし始めた時期であり、解釈改憲が進展した。そして、1990年以降は、天皇が君主であるとか、人権を制限するのが当然であるというような復古的論調が後退し、新しい人権が重要だという議論が唱えられている（もっとも、2012年に新たに公表された自民党の改憲案は、かなり復古的論調が復活している）。

　しかし個人情報保護や環境権に反対していた人たちが、この新しい人権論を唱え始めている。同時に、家族条項の規定を主張する。家族とは、伝統的（ただし明治以来だけの「伝統」）な家族を指す。結局、憲法を改正すること自体がいかなる意味を持つのかを考えず、施政者がやりたいことをやれない元凶をすべて憲法に求めたり、自己の道徳観に合わない社会状況を憲法が原因であると主張したりするような、非合理的な思考が改正案を支配していることには変わりが無い。もっとも、ロシアのウクライナ侵略戦争やイスラエルとハマスの戦争など世界は紛争の時代に向かっているという認識もあらわになってきている。緊急事態条項や国防軍の創設まで現実の政治日程に上ってきている。

おわりに―憲法改正手続と国民主義

　いずれ憲法改正が現実になったさいに、必要だからと憲法に反する法律が議会で可決されることを容認したり、立憲主義の根幹を崩すような政策を打ち出すポピュリスト的な政治家を支持するような傾向が輿論になってしまったりしたときにこそ、このような冷静な思考こそが求められることになるはずである。

確認問題解答解説

確認問題1　解答3

解説　イギリスで成立したのは法の支配という立憲主義の基礎となる考え方である（1は誤り）。フランス人権宣言16条は立憲主義の考え方の典型例である（2は誤り）。大日本帝国憲法（明治憲法）においては権力分立と人権保障のいずれも不十分であった（3は正しい）。形式的意味の憲法は朝鮮民主主義共和国の例を一例上げれば自明のように必ずしも立憲的意味の憲法ではない（4は誤り）。よって正答は3である。第1講及び第2講参照。

確認問題2　解答1

解説　憲法17条は公務員の政治倫理規範である（1は誤り）。近代国家の憲法は権力分立の仕組みを例外なく有している（2は正しい）。選択肢3は正しい。選択肢4はconstitutionの実施的意味は多義的であるが「通常」の意味として人権保障を確保するためのルールという説明は正しい（立憲的意味の憲法）。よって正答は1である。第1講及び第2講参照。

確認問題3　解答2

解説　選択肢1、3、4は第2講本文にあるように正しい。選択肢2は、明らかに誤りである［⇒第2講（3）］。

確認問題4　解答4

解説　選択肢1は正しい［⇒第3講2（2）］。選択肢2は、1981年以降の社会保障に関する法律からの国籍条項原則撤廃からすれば正しい（ただし、完全に平等扱いになったわけではない）。選択肢3は、正

しい［⇒第3講2（3）］。選択肢4については、そのような判例はない。正答は4である。

確認問題5　解答3

解説　選択肢1は誤り。憲法41条からしても当然である。選択肢2については、法律で規定しさえすればよいという意味になるため誤り。明治憲法においても、「軍国主義」化がすすむにつれ、法律によりさえすれば制約可能となってしまったことへの反省が日本国憲法の規定に表れている。選択肢3は、第3講（2）①で解説した通説的な見解であり、正しい。選択肢4は、憲法制定当初の公共の福祉＝一律の外在的制約原理という考え方であるが、これは判例も通説も現在採用していない。［⇒第3講1（2）①］。

確認問題6　解答1

解説　選択肢1については、明治憲法のほうが罪刑法定主義については明文規定があるといえる（明治憲法23条）。したがって、1が明らかな誤りであり、正答となる。選択肢2は、裁判員制度導入の旗振りであった最高裁は合憲と解しているもが、疑義を唱える有力な学説がある［⇒第4講2（2）］。選択肢3については、正しい（⇒4講1）。選択肢4は明らかに正しいとわかる［⇒第4講3］。

確認問題7　解答3

解説　明治憲法時代は信教の自由が十分に保障されているとは言えなかった［⇒第5講1］。よって選択肢1は誤り。選択肢2

185

は「例外なく禁止」していないので誤り
[⇒第5講3]。選択肢3は正しい[⇒第5
講2]。判例は、国家と宗教の関わり合い
が「相当とされる限度を超えるもの」が政
教分離違反としている[⇒第5項3]。よ
って選択肢4は誤り。

確認問題8　解答2
解説　全体として、テキスト第6講1を理
解していれば解答できる。なお、2は自己
実現ではなく、自己統治に資するというの
が正しいのであり、市民参加を重視する英
米の民主主義思想と表現の自由の関係性を
説明する思想と解すべきである。

確認問題9　解答3
解説　名誉毀損については、その事前抑制
は検閲には当たらないが、慎重に行うべき
で、真実性がなく・公益性も認められず・
かつ・被害の回復が困難であるやむを得な
い例外的場合にのみ、裁判所の判断による
事前差し止めが可能であるというのが判例
（北方ジャーナル事件）であるから、選択
肢3は誤り（よって正答）である。他の選
択肢については、第6講3を参照。

確認問題10　解答3
解説　選択肢1について、憲法上の疑義を
判例で指摘されていないのはその通りでは
あるが、明示的な判決が出されているわけ
ではないので誤り。選択肢2について、デ
モ行進規制については、裁判所はほとんど
議論することなく合憲と判示しているの
で、誤りである。選択肢3は、自衛隊官舎
ビラ配布事件最高裁判決の結論のとおりで
あるから、正しい。選択肢4は、ヘイトス
ピーチ解消法は罰則のない理念法であるか
ら、誤り。

確認問題11　解答1
解説　選択肢1は誤り（したがって正答）
[⇒第3講1（2）①・第7講1（1）]。
選択肢2は、正しい。森林法違憲判決の
解釈である[⇒第7講2（1）]。選択肢3
は、正しい[⇒第7講2（3）]。選択肢4
は正しい[⇒第7講1（1）]。

確認問題12　解答3
解説　選択肢1、2、4については判例の
内容そのものであり、正しい。選択肢3は
第8講1（3）末尾の記述を参照すれば適
切でないとわかる。

確認問題13　解答1
解説　選択肢1は憲法の条文を一読すれば
適切でないとわかる。選択肢2、3、4に
ついては第9講1（2）を参照。

確認問題14　解答3
解説　明治憲法には天皇が主権者である
と明記されていなかった（選択肢1は誤
り）。天皇が主権者であるというのは明治
憲法の解釈による[⇒第2講3（1）]。選
択肢2は「すでに政治の実情は国民主権と
なっていたが」が不適切。選択肢3は、明
治憲法11条の統帥権解釈が、軍令の制定
（1907年以降）と陸海軍大臣現役武官制が
シビリアンコントロールを失わせたことに
鑑みれば正しい（よって3が正答）。選択
肢4に「天皇のみが軍隊の指揮命令権をも
つことが明文で規定されていた」と言い
切ってしまうことは不適切[⇒第1講1及
び3、第2講2、第10講1]。

確認問題15　解答3
解説　選択肢1、2、4については本書第

10講3の説明を参照すれば、適切であることがわかる。選択肢3については、自衛隊法及び関連法10法（平和安全法制整備法）と国際支援法（新規立法）合わせて11本の法改正・制定がその内容であり、日米安全保障条約とも無関係ではないが、安保条約に関する法律だけが改正・制定されたわけではない。よって選択肢3は誤り。正答は3。

確認問題16　解答2

解説　国政に関する調査は国会の権限である（憲法62条）。よって選択肢1は誤り。選択肢2は憲法67条1項そのものであり、正しい。憲法69条に具体的に定められており、参議院にかかる議決権は明記されていないこので、選択肢3は誤り。内閣総理大臣の指名については憲法67条2項を見れば、衆議院の優越は認められないことは明らかである。予算については憲法60条、条約については憲法61条参照。

確認問題17　解答4

解説　憲法76条3項は「この憲法及び法律にのみ拘束される」と定めており、「その良心」については「裁判官としての職業倫理にしたがうこと」と理解されていることは第1講6（3）でも触れた［なお第5講及び第12講も参照］。よって選択肢1は誤り。選択肢2は砂川事件判決を誤読したものである。よって誤り［本書第12講の他、第10講の解説も参照］。第12講3（1）で述べたように憲法の通説・判例ともに付随的司法審査制を取っているので、選択肢3は誤り。4は正しい。ただし、言及された内容自体は第12講で解説しているが、選択肢4の内容は第11講3で触れた苫米地事件判決である。正答4。

　なお、研究課題については、主たる参考箇所のみ記しておく。

研究課題（1）　　第1講
研究課題（2）　　第2講3
研究課題（3）　　第4講2（2）
研究課題（4）　　第6講1
研究課題（5）　　第7講2（1）
研究課題（6）　　第9講3
研究課題（7）　　第10項3

付　録

日本国憲法

〔上諭〕

　朕は、日本国民の総意に基いて、新日本建設の礎が、定まるに至つたこと
を、深くよろこび、枢密顧問の諮詢及び帝国憲法第73条による帝国議会の議決
を経た帝国憲法の改正を裁可し、ここにこれを公布せしめる。

御名御璽

　昭和21年11月3日

内閣総理大臣兼　外務大臣	吉田　　茂	商工大臣	星島　二郎
国務大臣　　　　男爵	幣原喜重郎	厚生大臣	河合　良成
司法大臣	木村篤太郎	国務大臣	植原悦二郎
内務大臣	大村　清一	運輸大臣	平塚常次郎
文部大臣	田中耕太郎	大蔵大臣	石橋　湛山
農林大臣	和田　博雄	国務大臣	金森徳次郎
国務大臣	斎藤　隆夫	国務大臣	膳　桂之助
逓信大臣	一松　定吉		

日本国憲法

〔前文〕

　日本国民は、正当に選挙された国会における代表者を通じて行動し、われらとわれらの子孫のために、諸国民との協和による成果と、わが国全土にわたつて自由のもたらす恵沢を確保し、政府の行為によつて再び戦争の惨禍が起ることのないやうにすることを決意し、ここに主権が国民に存することを宣言し、この憲法を確定する。そもそも国政は、国民の厳粛な信託によるものであつて、その権威は国民に由来し、その権力は国民の代表者がこれを行使し、その福利は国民がこれを享受する。これは人類普遍の原理であり、この憲法は、かかる原理に基くものである。われらは、これに反する一切の憲法、法令及び詔勅を排除する。

　日本国民は、恒久の平和を念願し、人間相互の関係を支配する崇高な理想を深く自覚するのであつて、平和を愛する諸国民の公正と信義に信頼して、われらの安全と生存を保持しようと決意した。われらは、平和を維持し、専制と隷従、圧迫と偏狭を地上から永遠に除去しようと努めてゐる国際社会において、名誉ある地位を占めたいと思ふ。われらは、全世界の国民が、ひとしく恐怖と欠乏から免かれ、平和のうちに生

存する権利を有することを確認する。

われらは、いづれの国家も、自国のことのみに専念して他国を無視してはならないのであつて、政治道徳の法則は、普遍的なものであり、この法則に従ふことは、自国の主権を維持し、他国と対等関係に立たうとする各国の責務であると信ずる。

日本国民は、国家の名誉にかけ、全力をあげてこの崇高な理想と目的を達成することを誓ふ。

第1章　天　皇

第1条〔天皇の象徴的地位・国民主権〕

天皇は、日本国の象徴であり日本国民統合の象徴であつて、この地位は、主権の存する日本国民の総意に基く。

第2条〔皇位の世襲〕

皇位は、世襲のものであつて、国会の議決した皇室典範の定めるところにより、これを継承する。

第3条〔天皇の国事行為無答責・内閣の助言と承認の原則〕

天皇の国事に関するすべての行為には、内閣の助言と承認を必要とし、内閣が、その責任を負ふ。

第4条〔天皇の国政無権能・国事行為の委任〕

天皇は、この憲法の定める国事に関する行為のみを行ひ、国政に関する権能を有しない。

2　天皇は、法律の定めるところにより、その国事に関する行為を委任することができる。

第5条〔摂政〕

室典範の定めるところにより摂政を置くときは、摂政は、天皇の名でその国事に関する行為を行ふ。この場合には、前条第一

項の規定を準用する。

第6条〔内閣総理大臣・最高裁長官の任命〕

天皇は、国会の指名に基いて、内閣総理大臣を任命する。

2　天皇は、内閣の指名に基いて、最高裁判所の長たる裁判官を任命する。

第7条〔国事行為〕

天皇は、内閣の助言と承認により、国民のために、左の国事に関する行為を行ふ。

一　憲法改正、法律、政令及び条約を公布すること。

二　国会を召集すること。

三　衆議院を解散すること。

四　国会議員の総選挙の施行を公示すること。

五　国務大臣及び法律の定めるその他の官吏の任免並びに全権委任状及び大使及び公使の信任状を認証すること。

六　大赦、特赦、減刑、刑の執行の免除及び復権を認証すること。

七　栄典を授与すること。

八　批准書及び法律の定めるその他の外交文書を認証すること。

九　外国の大使及び公使を接受すること。

十　儀式を行ふこと。

第8条〔皇室財産〕

皇室に財産を譲り渡し、又は皇室が、財産を譲り受け、若しくは賜与することは、国会の議決に基かなければならない。

第2章　戦争の放棄

第9条〔戦争放棄〕

日本国民は、正義と秩序を基調とする国際平和を誠実に希求し、国権の発動たる戦争と、武力による威嚇又は武力の行使は、国際紛争を解決する手段としては、永久に

付録　日本国憲法

これを放棄する。

2　前項の目的を達するため、陸海空軍その他の戦力は、これを保持しない。国の交戦権は、これを認めない。

第3章　国民の権利及び義務

第10条〔日本国民の要件〕

日本国民たる要件は、法律でこれを定める。

第11条〔人権享有の原則〕

国民は、すべての基本的人権の享有を妨げられない。この憲法が国民に保障する基本的人権は、侵すことのできない永久の権利として、現在及び将来の国民に与へられる。

第12条〔自由及び権利の濫用禁止と公共の福祉〕

この憲法が国民に保障する自由及び権利は、国民の不断の努力によつて、これを保持しなければならない。又、国民は、これを濫用してはならないのであつて、常に公共の福祉のためにこれを利用する責任を負ふ。

第13条〔個人主義・人権の原則〕

すべて国民は、個人として尊重される。生命、自由及び幸福追求に対する国民の権利については、公共の福祉に反しない限り、立法その他の国政の上で、最大の尊重を必要とする。

第14条〔平等原則〕

すべて国民は、法の下に平等であつて、人種、信条、性別、社会的身分又は門地により、政治的、経済的又は社会的関係において、差別されない。

2　華族その他の貴族の制度は、これを認めない。

3　栄誉、勲章その他の栄典の授与は、いかなる特権も伴はない。栄典の授与は、現にこれを有し、又は将来これを受ける者の一代に限り、その効力を有する。

第15条〔参政権・選挙の原則〕

公務員を選定し、及びこれを罷免することは、国民固有の権利である。

2　すべて公務員は、全体の奉仕者であつて、一部の奉仕者ではない。

3　公務員の選挙については、成年者による普通選挙を保障する。

4　すべて選挙における投票の秘密は、これを侵してはならない。選挙人は、その選択に関し公的にも私的にも責任を問はれない。

第16条〔請願権〕

何人も、損害の救済、公務員の罷免、法律、命令又は規則の制定、廃止又は改正その他の事項に関し、平穏に請願する権利を有し、何人も、かかる請願をしたためにいかなる差別待遇も受けない。

第17条〔国家賠償請求権〕

何人も、公務員の不法行為により、損害を受けたときは、法律の定めるところにより、国又は公共団体に、その賠償を求めることができる。

第18条〔人身の自由の原則〕

何人も、いかなる奴隷的拘束も受けない。又、犯罪に因る処罰の場合を除いては、その意に反する苦役に服させられない。

第19条〔思想及び良心の自由〕

思想及び良心の自由は、これを侵してはならない。

第20条〔信教の自由・政教分離〕

信教の自由は、何人に対してもこれを保障する。いかなる宗教団体も、国から特権を受け、又は政治上の権力を行使してはならない。

2　何人も、宗教上の行為、祝典、儀式

又は行事に参加することを強制されない。

3　国及びその機関は、宗教教育その他いかなる宗教的活動もしてはならない。

第21条〔表現の自由・検閲禁止・通信の秘密〕

集会、結社及び言論、出版その他一切の表現の自由は、これを保障する。

2　検閲は、これをしてはならない。通信の秘密は、これを侵してはならない。

第22条〔居住移転及び職業選択の自由・外国移住の自由・国籍離脱の自由〕

何人も、公共の福祉に反しない限り、居住、移転及び職業選択の自由を有する。

2　何人も、外国に移住し、又は国籍を離脱する自由を侵されない。

第23条〔学問の自由〕

学問の自由は、これを保障する。

第24条〔婚姻〕

婚姻は、両性の合意のみに基いて成立し、夫婦が同等の権利を有することを基本として、相互の協力により、維持されなければならない。

2　配偶者の選択、財産権、相続、住居の選定、離婚並びに婚姻及び家族に関するその他の事項に関しては、法律は、個人の尊厳と両性の本質的平等に立脚して、制定されなければならない。

第25条〔生存権〕

すべて国民は、健康で文化的な最低限度の生活を営む権利を有する。

2　国は、すべての生活部面について、社会福祉、社会保障及び公衆衛生の向上及び増進に努めなければならない。

第26条〔教育を受ける権利・保護者が子どもに教育を受けさせる義務〕

すべて国民は、法律の定めるところにより、その能力に応じて、ひとしく教育を受ける権利を有する。

2　すべて国民は、法律の定めるところにより、その保護する子女に普通教育を受けさせる義務を負ふ。義務教育は、これを無償とする。

第27条〔勤労の原則と義務〕

すべて国民は、勤労の権利を有し、義務を負ふ。

2　賃金、就業時間、休息その他の勤労条件に関する基準は、法律でこれを定める。

3　児童は、これを酷使してはならない。

第28条〔労働基本権〕

勤労者の団結する権利及び団体交渉その他の団体行動をする権利は、これを保障する。

第29条〔財産権〕

財産権は、これを侵してはならない。

2　財産権の内容は、公共の福祉に適合するやうに、法律でこれを定める。

3　私有財産は、正当な補償の下に、これを公共のために用ひることができる。

第30条〔納税の義務〕

国民は、法律の定めるところにより、納税の義務を負ふ。

第31条〔法定手続〕

何人も、法律の定める手続によらなければ、その生命若しくは自由を奪はれ、又はその他の刑罰を科せられない。

第32条〔裁判を受ける権利〕

何人も、裁判所において裁判を受ける権利を奪はれない。

第33条〔逮捕に関する令状主義〕

何人も、現行犯として逮捕される場合を除いては、権限を有する司法官憲が発し、且つ理由となつてゐる犯罪を明示する令状によらなければ、逮捕されない。

第34条〔抑留・拘禁に対する保障〕

何人も、理由を直ちに告げられ、且つ、直ちに弁護人に依頼する権利を与へられな

付録　日本国憲法

ければ、抑留又は拘禁されない。又、何人
も、正当な理由がなければ、拘禁されず、
要求があれば、その理由は、直ちに本人及
びその弁護人の出席する公開の法廷で示さ
れなければならない。

第35条〔侵入・捜索・押収に関する令状主
義〕

　何人も、その住居、書類及び所持品につ
いて、侵入、捜索及び押収を受けることの
ない権利は、第33条の場合を除いては、正
当な理由に基いて発せられ、且つ捜索する
場所及び押収する物を明示する令状がなけ
れば、侵されない。

　2　捜索又は押収は、権限を有する司法
官憲が発する各別の令状により、これを行
ふ。

第36条〔拷問・残虐な刑罰の禁止〕

　公務員による拷問及び残虐な刑罰は、絶
対にこれを禁ずる。

第37条〔刑事事件において公平迅速な公開
裁判を受ける権利・証人請求権・弁護人依
頼権〕

　すべて刑事事件においては、被告人は、
公平な裁判所の迅速な公開裁判を受ける権
利を有する。

　2　刑事被告人は、すべての証人に対し
て審問する機会を充分に与へられ、又、公
費で自己のために強制的手続により証人を
求める権利を有する。

　3　刑事被告人は、いかなる場合にも、
資格を有する弁護人を依頼することができ
る。被告人が自らこれを依頼することがで
きないときは、国でこれを附する。

第38条〔不利益供述拒絶権・自白強要の禁
止・自白のみによる有罪判決の禁止〕

　何人も、自己に不利益な供述を強要され
ない。

　2　強制、拷問若しくは脅迫による自白

又は不当に長く抑留若しくは拘禁された後
の自白は、これを証拠とすることができな
い。

　3　何人も、自己に不利益な唯一の証拠
が本人の自白である場合には、有罪とさ
れ、又は刑罰を科せられない。

第39条〔遡及処罰の禁止・一事不再議〕

　何人も、実行の時に適法であつた行為又
は既に無罪とされた行為については、刑事
上の責任を問はれない。又、同一の犯罪に
ついて、重ねて刑事上の責任を問はれない。

第40条〔刑事補償請求権〕

　何人も、抑留又は拘禁された後、無罪の
裁判を受けたときは、法律の定めるところ
により、国にその補償を求めることができ
る。

第4章　国　会

第41条〔国会の性質〕

　国会は、国権の最高機関であつて、国の
唯一の立法機関である。

第42条〔国会の構成〕

　国会は、衆議院及び参議院の両議院でこ
れを構成する。

第43条〔国民代表機関・議員定数〕

　両議院は、全国民を代表する選挙された
議員でこれを組織する。

　2　両議院の議員の定数は、法律でこれ
を定める。

第44条〔選挙人の資格〕

　両議院の議員及びその選挙人の資格は、
法律でこれを定める。但し、人種、信条、
性別、社会的身分、門地、教育、財産又は
収入によつて差別してはならない。

第45条〔衆議院議員の任期〕

　衆議院議員の任期は、4年とする。但
し、衆議院解散の場合には、その期間満了

193

前に終了する。

第46条〔参議院議員の任期〕

参議院議員の任期は、6年とし、3年ごとに議員の半数を改選する。

第47条〔選挙事項法定主義〕

選挙区、投票の方法その他両議院の議員の選挙に関する事項は、法律でこれを定める。

第48条〔議員の兼職禁止〕

何人も、同時に両議院の議員たることはできない。

第49条〔国会議員の歳費〕

両議院の議員は、法律の定めるところにより、国庫から相当額の歳費を受ける。

第50条〔不逮捕特権〕

両議院の議員は、法律の定める場合を除いては、国会の会期中逮捕されず、会期前に逮捕された議員は、その議院の要求があれば、会期中これを釈放しなければならない。

第51条〔免責特権〕

両議院の議員は、議院で行つた演説、討論又は表決について、院外で責任を問はれない。

第52条〔常会〕

国会の常会は、毎年一回これを召集する。

第53条〔国会臨時会の召集〕

内閣は、国会の臨時会の召集を決定することができる。いづれかの議院の総議員の4分の1以上の要求があれば、内閣は、その召集を決定しなければならない。

第54条〔衆議院解散と衆議院議員の総選挙・参議院の閉会・参議院の緊急集会〕

衆議院が解散されたときは、解散の日から40日以内に、衆議院議員の総選挙を行ひ、その選挙の日から30日以内に、国会を召集しなければならない。

2 衆議院が解散されたときは、参議院は、同時に閉会となる。但し、内閣は、国に緊急の必要があるときは、参議院の緊急集会を求めることができる。

3 前項但書の緊急集会において採られた措置は、臨時のものであつて、次の国会開会の後10日以内に、衆議院の同意がない場合には、その効力を失ふ。

第55条〔議員資格裁判〕

両議院は、各々その議員の資格に関する争訟を裁判する。但し、議員の議席を失はせるには、出席議員の3分の2以上の多数による議決を必要とする。

第56条〔定足数〕

両議院は、各々その総議員の3分の1以上の出席がなければ、議事を開き議決することができない。

2 両議院の議事は、この憲法に特別の定のある場合を除いては、出席議員の過半数でこれを決し、可否同数のときは、議長の決するところによる。

第57条〔議事公開の原則〕

両議院の会議は、公開とする。但し、出席議員の3分の2以上の多数で議決したときは、秘密会を開くことができる。

2 両議院は、各々その会議の記録を保存し、秘密会の記録の中で特に秘密を要すると認められるもの以外は、これを公表し、且つ一般に頒布しなければならない。

3 出席議員の5分の1以上の要求があれば、各議員の表決は、これを会議録に記載しなければならない。

第58条〔議院役員の選任〕

両議院は、各々その議長その他の役員を選任する。

2 両議院は、各々その会議その他の手続及び内部の規律に関する規則を定め、又、院内の秩序をみだした議員を懲罰することができる。但し、議員を除名するに

付録　日本国憲法

は、出席議員の3分の2以上の多数による議決を必要とする。

第59条〔法律の制定手続〕

　法律案は、この憲法に特別の定のある場合を除いては、両議院で可決したとき法律となる。

　2　衆議院で可決し、参議院でこれと異なつた議決をした法律案は、衆議院で出席議員の3分の2以上の多数で再び可決したときは、法律となる。

　3　前項の規定は、法律の定めるところにより、衆議院が、両議院の協議会を開くことを求めることを妨げない。

　4　参議院が、衆議院の可決した法律案を受け取つた後、国会休会中の期間を除いて60日以内に、議決しないときは、衆議院は、参議院がその法律案を否決したものとみなすことができる。

第60条〔予算の議決〕

　予算は、さきに衆議院に提出しなければならない。

　2　予算について、参議院で衆議院と異なつた議決をした場合に、法律の定めるところにより、両議院の協議会を開いても意見が一致しないとき、又は参議院が、衆議院の可決した予算を受け取つた後、国会休会中の期間を除いて30日以内に、議決しないときは、衆議院の議決を国会の議決とする。

第61条〔条約の承認〕

　条約の締結に必要な国会の承認については、前条第2項の規定を準用する。

第62条〔国政調査権〕

　両議院は、各々国政に関する調査を行ひ、これに関して、証人の出頭及び証言並びに記録の提出を要求することができる。

第63条〔内閣構成員の答弁〕

　内閣総理大臣その他の国務大臣は、両議院の一に議席を有すると有しないとにかかはらず、何時でも議案について発言するため議院に出席することができる。又、答弁又は説明のため出席を求められたときは、出席しなければならない。

第64条〔弾劾裁判所〕

　国会は、罷免の訴追を受けた裁判官を裁判するため、両議院の議員で組織する弾劾裁判所を設ける。

　2　弾劾に関する事項は、法律でこれを定める。

第5章　内　閣

第65条〔行政権〕

　行政権は、内閣に属する。

第66条〔内閣の組織・文民要件・国会に対する連帯責任〕

　内閣は、法律の定めるところにより、その首長たる内閣総理大臣及びその他の国務大臣でこれを組織する。

　2　内閣総理大臣その他の国務大臣は、文民でなければならない。

　3　内閣は、行政権の行使について、国会に対し連帯して責任を負ふ。

第67条〔内閣総理大臣の指名〕

　内閣総理大臣は、国会議員の中から国会の議決で、これを指名する。この指名は、他のすべての案件に先だつて、これを行ふ。

　2　衆議院と参議院とが異なつた指名の議決をした場合に、法律の定めるところにより、両議院の協議会を開いても意見が一致しないとき、又は衆議院が指名の議決をした後、国会休会中の期間を除いて10日以内に、参議院が、指名の議決をしないときは、衆議院の議決を国会の議決とする。

第68条〔国務大臣の任命及び罷免〕

　内閣総理大臣は、国務大臣を任命する。

195

但し、その過半数は、国会議員の中から選ばれなければならない。

2　内閣総理大臣は、任意に国務大臣を罷免することができる。

第69条〔内閣不信任決議〕

内閣は、衆議院で不信任の決議案を可決し、又は信任の決議案を否決したときは、10日以内に衆議院が解散されない限り、総辞職をしなければならない。

第70条〔内閣の総辞職〕

内閣総理大臣が欠けたとき、又は衆議院議員総選挙の後に初めて国会の召集があつたときは、内閣は、総辞職をしなければならない。

第71条〔職務遂行内閣〕

前2条の場合には、内閣は、あらたに内閣総理大臣が任命されるまで引き続きその職務を行ふ。

第72条〔総理大臣の職務〕

内閣総理大臣は、内閣を代表して議案を国会に提出し、一般国務及び外交関係について国会に報告し、並びに行政各部を指揮監督する。

第73条〔内閣の職務〕

内閣は、他の一般行政事務の外、左の事務を行ふ。

一　法律を誠実に執行し、国務を総理すること。

二　外交関係を処理すること。

三　条約を締結すること。但し、事前に、時宜によつては事後に、国会の承認を経ることを必要とする。

四　法律の定める基準に従ひ、官吏に関する事務を掌理すること。

五　予算を作成して国会に提出すること。

六　この憲法及び法律の規定を実施するために、政令を制定すること。但し、政令には、特にその法律の委任がある場合を除いては、罰則を設けることができない。

七　大赦、特赦、減刑、刑の執行の免除及び復権を決定すること。

第74条〔法律への署名〕

法律及び政令には、すべて主任の国務大臣が署名し、内閣総理大臣が連署することを必要とする。

第75条〔内閣構成員在任中の訴追免責〕

国務大臣は、その在任中、内閣総理大臣の同意がなければ、訴追されない。但し、これがため、訴追の権利は、害されない。

第6章　司　法

第76条〔司法権と裁判所〕

すべて司法権は、最高裁判所及び法律の定めるところにより設置する下級裁判所に属する。

2　特別裁判所は、これを設置することができない。行政機関は、終審として裁判を行ふことができない。

3　すべて裁判官は、その良心に従ひ独立してその職権を行ひ、この憲法及び法律にのみ拘束される。

第77条〔最高裁規則制定権・最高裁判所と検察官〕

最高裁判所は、訴訟に関する手続、弁護士、裁判所の内部規律及び司法事務処理に関する事項について、規則を定める権限を有する。

2　検察官は、最高裁判所の定める規則に従はなければならない。

3　最高裁判所は、下級裁判所に関する規則を定める権限を、下級裁判所に委任することができる。

第78条〔裁判官の身分保障〕

裁判官は、裁判により、心身の故障のた

付録　日本国憲法

めに職務を執ることができないと決定された場合を除いては、公の弾劾によらなければ罷免されない。裁判官の懲戒処分は、行政機関がこれを行ふことはできない。

第79条〔裁判所の構成と国民審査・裁判官の身分保障〕

最高裁判所は、その長たる裁判官及び法律の定める員数のその他の裁判官でこれを構成し、その長たる裁判官以外の裁判官は、内閣でこれを任命する。

2　最高裁判所の裁判官の任命は、その任命後初めて行はれる衆議院議員総選挙の際国民の審査に付し、その後10年を経過した後初めて行はれる衆議院議員総選挙の際更に審査に付し、その後も同様とする。

3　前項の場合において、投票者の多数が裁判官の罷免を可とするときは、その裁判官は、罷免される。

4　審査に関する事項は、法律でこれを定める。

5　最高裁判所の裁判官は、法律の定める年齢に達した時に退官する。

6　最高裁判所の裁判官は、すべて定期に相当額の報酬を受ける。この報酬は、在任中、これを減額することができない。

第80条〔下級裁判所の裁判官〕

下級裁判所の裁判官は、最高裁判所の指名した者の名簿によつて、内閣でこれを任命する。その裁判官は、任期を10年とし、再任されることができる。但し、法律の定める年齢に達した時には退官する。

2　下級裁判所の裁判官は、すべて定期に相当額の報酬を受ける。この報酬は、在任中、これを減額することができない。

第81条〔司法審査・憲法適合性審査〕

最高裁判所は、一切の法律、命令、規則又は処分が憲法に適合するかしないかを決定する権限を有する終審裁判所である。

第82条〔裁判の公開〕

裁判の対審及び判決は、公開法廷でこれを行ふ。

2　裁判所が、裁判官の全員一致で、公の秩序又は善良の風俗を害する虞があると決した場合には、対審は、公開しないでこれを行ふことができる。但し、政治犯罪、出版に関する犯罪又はこの憲法第3章で保障する国民の権利が問題となつてゐる事件の対審は、常にこれを公開しなければならない。

第7章　財　政

第83条〔財政〕

国の財政を処理する権限は、国会の議決に基いて、これを行使しなければならない。

第84条〔租税法律主義〕

あらたに租税を課し、又は現行の租税を変更するには、法律又は法律の定める条件によることを必要とする。

第85条〔財政立憲主義〕

国費を支出し、又は国が債務を負担するには、国会の議決に基くことを必要とする。

第86条〔予算〕

内閣は、毎会計年度の予算を作成し、国会に提出して、その審議を受け議決を経なければならない。

第87条〔予備費〕

予見し難い予算の不足に充てるため、国会の議決に基いて予備費を設け、内閣の責任でこれを支出することができる。

2　すべて予備費の支出については、内閣は、事後に国会の承諾を得なければならない。

第88条〔皇室財産〕

すべて皇室財産は、国に属する。すべて皇室の費用は、予算に計上して国会の議決

197

を経なければならない。

第89条〔公金支出制限・政教分離〕

　公金その他の公の財産は、宗教上の組織若しくは団体の使用、便益若しくは維持のため、又は公の支配に属しない慈善、教育若しくは博愛の事業に対し、これを支出し、又はその利用に供してはならない。

第90条〔会計検査院〕

　国の収入支出の決算は、すべて毎年会計検査院がこれを検査し、内閣は、次の年度に、その検査報告とともに、これを国会に提出しなければならない。

　2　会計検査院の組織及び権限は、法律でこれを定める。

第91条〔財政に関する内閣の職務〕

　内閣は、国会及び国民に対し、定期に、少くとも毎年一回、国の財政状況について報告しなければならない。

第8章　地方自治

第92条〔地方自治の本旨〕

　地方公共団体の組織及び運営に関する事項は、地方自治の本旨に基いて、法律でこれを定める。

第93条〔地方自治体における民主主義〕

　地方公共団体には、法律の定めるところにより、その議事機関として議会を設置する。

　2　地方公共団体の長、その議会の議員及び法律の定めるその他の吏員は、その地方公共団体の住民が、直接これを選挙する。

第94条〔地方自治体の権限〕

　地方公共団体は、その財産を管理し、事務を処理し、及び行政を執行する権能を有し、法律の範囲内で条例を制定することができる。

第95条〔地方自治体特別法〕

　一の地方公共団体のみに適用される特別法は、法律の定めるところにより、その地方公共団体の住民の投票においてその過半数の同意を得なければ、国会は、これを制定することができない。

第9章　改　正

第96条〔憲法改正〕

　この憲法の改正は、各議院の総議員の3分の2以上の賛成で、国会が、これを発議し、国民に提案してその承認を経なければならない。この承認には、特別の国民投票又は国会の定める選挙の際行はれる投票において、その過半数の賛成を必要とする。

　2　憲法改正について前項の承認を経たときは、天皇は、国民の名で、この憲法と一体を成すものとして、直ちにこれを公布する。

第10章　最高法規

第97条〔憲法の最高法規性と人権〕

　この憲法が日本国民に保障する基本的人権は、人類の多年にわたる自由獲得の努力の成果であつて、これらの権利は、過去幾多の試錬に堪へ、現在及び将来の国民に対し、侵すことのできない永久の権利として信託されたものである。

第98条〔最高法規条項〕

　この憲法は、国の最高法規であつて、その条規に反する法律、命令、詔勅及び国務に関するその他の行為の全部又は一部は、その効力を有しない。

　2　日本国が締結した条約及び確立された国際法規は、これを誠実に遵守することを必要とする。

第99条〔憲法尊重擁護義務〕

付録　日本国憲法

天皇又は摂政及び国務大臣、国会議員、裁判官その他の公務員は、この憲法を尊重し擁護する義務を負ふ。

第11章　補　則

第100条〔施行期日〕

　この憲法は、公布の日から起算して6箇月を経過した日〔昭22・5・3〕から、これを施行する。

　2　この憲法を施行するために必要な法律の制定、参議院議員の選挙及び国会召集の手続並びにこの憲法を施行するために必要な準備手続は、前項の期日よりも前に、これを行ふことができる。

第101条〔国会に関する特則・参議院に関する経過措置〕

　この憲法施行の際、参議院がまだ成立してゐないときは、その成立するまでの間、衆議院は、国会としての権限を行ふ。

第102条〔参議院議員に関する経過措置〕

　この憲法による第一期の参議院議員のうち、その半数の者の任期は、これを3年とする。その議員は、法律の定めるところにより、これを定める。

第103条〔公務員に関する経過措置〕

　この憲法施行の際現に在職する国務大臣、衆議院議員及び裁判官並びにその他の公務員で、その地位に相応する地位がこの憲法で認められてゐる者は、法律で特別の定をした場合を除いては、この憲法施行のため、当然にはその地位を失ふことはない。但し、この憲法によつて、後任者が選挙又は任命されたときは、当然その地位を失ふ。

明治憲法

告文

皇朕レ謹ミ畏ミ
皇祖
皇宗ノ神霊ニ誥ケ白サク皇朕レ天壤無窮ノ
宏謨ニ循ヒ惟神ノ宝祚ヲ承継シ旧図ヲ保持
シテ敢テ失墜スルコト無シ顧ミルニ世局ノ
進運ニ膺リ人文ノ発達ニ随ヒ宜ク
皇祖
皇宗ノ遺訓ヲ明徴ニシ典憲ヲ成立シ条章ヲ
昭示シ内ハ以テ子孫ノ率由スル所ト為シ外
ハ以テ臣民翼賛ノ道ヲ広メ永遠ニ遵行セシ
メ益々国家ノ丕基ヲ鞏固ニシ八洲民生ノ慶
福ヲ増進スヘシ茲ニ皇室典範及憲法ヲ制定
ス惟フニ此レ皆
皇祖
皇宗ノ後裔ニ貽シタマヘル統治ノ洪範ヲ紹
述スルニ外ナラス而シテ朕カ躬ニ逮テ時ト
俱ニ挙行スルコトヲ得ルハ洵ニ
皇祖
皇宗及我カ
皇考ノ威霊ニ倚藉スルニ由ラサルハ無シ皇
朕レ仰テ
皇祖
皇宗及
皇考ノ神祐ヲ祷リ併セテ朕カ現在及将来ニ
臣民ニ率先シ此ノ憲章ヲ履行シテ愆ラサラ
ムコトヲ誓フ庶幾クハ
神霊此レヲ鑒ミタマヘ

憲法発布勅語

朕国家ノ隆昌ト臣民ノ慶福トヲ以テ中心ノ
欣栄トシ朕カ祖宗ニ承クルノ大権ニ依リ現
在及将来ノ臣民ニ対シ此ノ不磨ノ大典ヲ宣
布ス
惟フニ我カ祖我カ宗ハ我カ臣民祖先ノ協力

輔翼ニ倚リ我カ帝国ヲ肇造シ以テ無窮ニ垂
レタリ此レ我カ神聖ナル祖宗ノ威徳ト並ニ
臣民ノ忠実勇武ニシテ国ヲ愛シ公ニ殉ヒ以
テ此ノ光輝アル国史ノ成跡ヲ貽シタルナリ
朕我カ臣民ハ即チ祖宗ノ忠良ナル臣民ノ子
孫ナルヲ回想シ其ノ朕カ意ヲ奉体シ朕カ事
ヲ奨順シ相与ニ和衷協同シ益々我カ帝国ノ
光栄ヲ中外ニ宣揚シ祖宗ノ遺業ヲ永久ニ鞏
固ナラシムルノ希望ヲ同クシ此ノ負担ヲ分
ツニ堪フルコトヲ疑ハサルナリ

大日本帝国憲法

朕祖宗ノ遺烈ヲ承ケ万世一系ノ帝位ヲ踐ミ
朕カ親愛スル所ノ臣民ハ即チ朕カ祖宗ノ恵
撫慈養シタマヒシ所ノ臣民ナルヲ念ヒ其ノ
康福ヲ増進シ其ノ懿徳良能ヲ発達セシメム
コトヲ願ヒ又其ノ翼賛ニ依リ与ニ俱ニ国家
ノ進運ヲ扶持セムコトヲ望ミ乃チ明治十四
年十月十二日ノ詔命ヲ履践シ茲ニ大憲ヲ制
定シ朕カ率由スル所ヲ示シ朕カ後嗣及臣民
及臣民ノ子孫タル者ヲシテ永遠ニ循行スル
所ヲ知ラシム
国家統治ノ大権ハ朕カ之ヲ祖宗ニ承ケテ之
ヲ子孫ニ伝フル所ナリ朕及朕カ子孫ハ将来
此ノ憲法ノ条章ニ循ヒ之ヲ行フコトヲ愆ラ
サルヘシ
朕ハ我カ臣民ノ権利及財産ノ安全ヲ貴重シ
及之ヲ保護シ此ノ憲法及法律ノ範囲内ニ於
テ其ノ享有ヲ完全ナラシムヘキコトヲ宣言
ス
帝国議会ハ明治二十三年ヲ以テ之ヲ召集シ
議会開会ノ時ヲ以テ此ノ憲法ヲシテ有効ナ
ラシムルノ期トスヘシ
将来若此ノ憲法ノ或ル条章ヲ改定スルノ必
要ナル時宜ヲ見ルニ至ラハ朕及朕カ継統ノ

子孫ハ発議ノ権ヲ執リ之ヲ議会ニ付シ議会ハ此ノ憲法ニ定メタル要件ニ依リ之ヲ議決スルノ外朕カ子孫及臣民ハ敢テ之力紛更ヲ試ミルコトヲ得サルヘシ

朕力在廷ノ大臣ハ朕力為ニ此ノ憲法ヲ施行スルノ責ニ任スヘク朕力現在及将来ノ臣民ハ此ノ憲法ニ対シ永遠ニ従順ノ義務ヲ負フヘシ

御名御璽
明治22年2月11日

内閣総理大臣	伯爵	黒田清隆
枢密院議長	伯爵	伊藤博文
外務大臣	伯爵	大隈重信
海軍大臣	伯爵	西郷従道
農商務大臣	伯爵	井上　馨
司法大臣	伯爵	山田顕義
大蔵大臣兼内務大臣	伯爵	松方正義
陸軍大臣	伯爵	大山　巌
文部大臣	子爵	森　有礼
逓信大臣	子爵	榎本武揚

大日本帝国憲法

第1章　天　皇

第1条　大日本帝国ハ万世一系ノ天皇之ヲ統治ス

第2条　皇位ハ皇室典範ノ定ムル所ニ依リ皇男子孫之ヲ継承ス

第3条　天皇ハ神聖ニシテ侵スヘカラス

第4条　天皇ハ国ノ元首ニシテ統治権ヲ総攬シ此ノ憲法ノ条規ニ依リ之ヲ行フ

第5条　天皇ハ帝国議会ノ協賛ヲ以テ立法権ヲ行フ

第6条　天皇ハ法律ヲ裁可シ其ノ公布及執行ヲ命ス

第7条　天皇ハ帝国議会ヲ召集シ其ノ開会閉会停会及衆議院ノ解散ヲ命ス

第8条　天皇ハ公共ノ安全ヲ保持シ又ハ其ノ災厄ヲ避クル為緊急ノ必要ニ由リ帝国議会閉会ノ場合ニ於テ法律ニ代ルヘキ勅令ヲ発ス

2　此ノ勅令ハ次ノ会期ニ於テ帝国議会ニ提出スヘシ若議会ニ於テ承諾セサルトキハ政府ハ将来ニ向テ其ノ効力ヲ失フコトヲ公布スヘシ

第9条　天皇ハ法律ヲ執行スル為ニ又ハ公共ノ安寧秩序ヲ保持シ及臣民ノ幸福ヲ増進スル為ニ必要ナル命令ヲ発シ又ハ発セシム但シ命令ヲ以テ法律ヲ変更スルコトヲ得ス

第10条　天皇ハ行政各部ノ官制及文武官ノ俸給ヲ定メ及文武官ヲ任免ス但シ此ノ憲法又ハ他ノ法律ニ特例ヲ掲ケタルモノハ各々其ノ条項ニ依ル

第11条　天皇ハ陸海軍ヲ統帥ス

第12条　天皇ハ陸海軍ノ編制及常備兵額ヲ定ム

第13条　天皇ハ戦ヲ宣シ和ヲ講シ及諸般ノ条約ヲ締結ス

第14条　天皇ハ戒厳ヲ宣告ス

2　戒厳ノ要件及効力ハ法律ヲ以テ之ヲ定ム

第15条　天皇ハ爵位勲章及其ノ他ノ栄典ヲ授与ス

第16条　天皇ハ大赦特赦減刑及復権ヲ命ス

第17条　摂政ヲ置クハ皇室典範ノ定ムル所ニ依ル

2　摂政ハ天皇ノ名ニ於テ大権ヲ行フ

第2章　臣民権利義務

第18条　日本臣民タル要件ハ法律ノ定ムル所ニ依ル

第19条　日本臣民ハ法律命令ノ定ムル所ノ

付録　明治憲法

資格ニ応シ均ク文武官ニ任セラレ及其ノ他
ノ公務ニ就クコトヲ得

第20条　日本臣民ハ法律ノ定ムル所ニ従ヒ
兵役ノ義務ヲ有ス

第21条　日本臣民ハ法律ノ定ムル所ニ従ヒ
納税ノ義務ヲ有ス

第22条　日本臣民ハ法律ノ範囲内ニ於テ居
住及移転ノ自由ヲ有ス

第23条　日本臣民ハ法律ニ依ルニ非スシテ
逮捕監禁審問処罰ヲ受クルコトナシ

第24条　日本臣民ハ法律ニ定メタル裁判官
ノ裁判ヲ受クルノ権ヲ奪ハルヽコトナシ

第25条　日本臣民ハ法律ニ定メタル場合ヲ
除ク外其ノ許諾ナクシテ住所ニ侵入セラレ
及捜索セラルヽコトナシ

第26条　日本臣民ハ法律ニ定メタル場合ヲ
除ク外信書ノ秘密ヲ侵サルヽコトナシ

第27条　日本臣民ハ其ノ所有権ヲ侵サルヽ
コトナシ

　　2　公益ノ為必要ナル処分ハ法律ノ定ム
ル所ニ依ル

第28条　日本臣民ハ安寧秩序ヲ妨ケス及臣
民タルノ義務ニ背カサル限ニ於テ信教ノ自
由ヲ有ス

第29条　日本臣民ハ法律ノ範囲内ニ於テ言
論著作印行集会及結社ノ自由ヲ有ス

第30条　日本臣民ハ相当ノ敬礼ヲ守リ別ニ
定ムル所ノ規程ニ従ヒ請願ヲ為スコトヲ得

第31条　本章ニ掲ケタル条規ハ戦時又ハ国
家事変ノ場合ニ於テ天皇大権ノ施行ヲ妨ク
ルコトナシ

第32条　本章ニ掲ケタル条規ハ陸海軍ノ法
令又ハ紀律ニ牴触セサルモノニ限リ軍人ニ
準行ス

第3章　帝国議会

第33条　帝国議会ハ貴族院衆議院ノ両院ヲ

以テ成立ス

第34条　貴族院ハ貴族院令ノ定ムル所ニ依
リ皇族華族及勅任セラレタル議員ヲ以テ組
織ス

第35条　衆議院ハ選挙法ノ定ムル所ニ依リ
公選セラレタル議員ヲ以テ組織ス

第36条　何人モ同時ニ両議院ノ議員タルコ
トヲ得ス

第37条　凡テ法律ハ帝国議会ノ協賛ヲ経ル
ヲ要ス

第38条　両議院ハ政府ノ提出スル法律案ヲ
議決シ及各々法律案ヲ提出スルコトヲ得

第39条　両議院ノ一ニ於テ否決シタル法律
案ハ同会期中ニ於テ再ヒ提出スルコトヲ得
ス

第40条　両議院ハ法律又ハ其ノ他ノ事件ニ
付キ各々其ノ意見ヲ政府ニ建議スルコトヲ
得但シ其ノ採納ヲ得サルモノハ同会期中ニ
於テ再ヒ建議スルコトヲ得ス

第41条　帝国議会ハ毎年之ヲ召集ス

第42条　帝国議会ハ3箇月ヲ以テ会期トス
必要アル場合ニ於テハ勅命ヲ以テ之ヲ延長
スルコトアルヘシ

第43条　臨時緊急ノ必要アル場合ニ於テ常
会ノ外臨時会ヲ召集スヘシ

　　2　臨時会ノ会期ヲ定ムルハ勅命ニ依ル

第44条　帝国議会ノ開会閉会会期ノ延長及
停会ハ両院同時ニ之ヲ行フヘシ

　　2　衆議院解散ヲ命セラレタルトキハ貴
族院ハ同時ニ停会セラルヘシ

第45条　衆議院解散ヲ命セラレタルトキハ
勅令ヲ以テ新ニ議員ヲ選挙セシメ解散ノ日
ヨリ5箇月以内ニ之ヲ召集スヘシ

第46条　両議院ハ各々其ノ総議員3分ノ1
以上出席スルニ非サレハ議事ヲ開キ議決ヲ
為ス事ヲ得ス

第47条　両議院ノ議事ハ過半数ヲ以テ決ス
可否同数ナルトキハ議長ノ決スル所ニ依ル

第48条　両議院ノ会議ハ公開ス但シ政府ノ要求又ハ其ノ院ノ決議ニ依リ秘密会ト為スコトヲ得

第49条　両議院ハ各々天皇ニ上奏スルコトヲ得

第50条　両議院ハ臣民ヨリ呈出スル請願書ヲ受クルコトヲ得

第51条　両議院ハ此ノ憲法及議院法ニ掲クルモノ、外内部ノ整理ニ必要ナル諸規則ヲ定ムルコトヲ得

第52条　両議院ノ議員ハ議院ニ於テ発言シタル意見及表決ニ付院外ニ於テ責ヲ負フコトナシ但シ議員自ラ其ノ言論ヲ演説刊行筆記又ハ其ノ他ノ方法ヲ以テ公布シタルトキハ一般ノ法律ニ依リ処分セラルヘシ

第53条　両議院ノ議員ハ現行犯罪又ハ内乱外患ニ関ル罪ヲ除ク外会期中其ノ院ノ許諾ナクシテ逮捕セラル、コトナシ

第54条　国務大臣及政府委員ハ何時タリトモ各議院ニ出席シ及発言スルコトヲ得

第4章　国務大臣及枢密顧問

第55条　国務各大臣ハ天皇ヲ輔弼シ其ノ責ニ任ス

2　凡テ法律勅令其ノ他国務ニ関ル詔勅ハ国務大臣ノ副署ヲ要ス

第56条　枢密顧問ハ枢密院官制ノ定ムル所ニ依リ天皇ノ諮詢ニ応ヘ重要ノ国務ヲ審議ス

第5章　司　法

第57条　司法権ハ天皇ノ名ニ於テ法律ニ依リ裁判所之ヲ行フ

2　裁判所ノ構成ハ法律ヲ以テ之ヲ定ム

第58条　裁判官ハ法律ニ定メタル資格ヲ具フル者ヲ以テ之ニ任ス

2　裁判官ハ刑法ノ宣告又ハ懲戒ノ処分ニ由ルノ外其ノ職ヲ免セラル、コトナシ

3　懲戒ノ条規ハ法律ヲ以テ之ヲ定ム

第59条　裁判ノ対審判決ハ之ヲ公開ス但シ安寧秩序又ハ風俗ヲ害スルノ虞アルトキハ法律ニ依リ又ハ裁判所ノ決議ヲ以テ対審ノ公開ヲ停ムルコトヲ得

第60条　特別裁判所ノ管轄ニ属スヘキモノハ別ニ法律ヲ以テ之ヲ定ム

第61条　行政官庁ノ違法処分ニ由リ権利ヲ傷害セラレタリトスルノ訴訟ニシテ別ニ法律ヲ以テ定メタル行政裁判所ノ裁判ニ属スヘキモノハ司法裁判所ニ於テ受理スルノ限ニ在ラス

第6章　会　計

第62条　新ニ租税ヲ課シ及税率ヲ変更スルハ法律ヲ以テ之ヲ定ムヘシ

2　但シ報償ニ属スル行政上ノ手数料及其ノ他ノ収納金ハ前項ノ限ニ在ラス

3　国債ヲ起シ及予算ニ定メタルモノヲ除ク外国庫ノ負担トナルヘキ契約ヲ為スハ帝国議会ノ協賛ヲ経ヘシ

第63条　現行ノ租税ハ更ニ法律ヲ以テ之ヲ改メサル限ハ旧ニ依リ之ヲ徴収ス

第64条　国家ノ歳出歳入ハ毎年予算ヲ以テ帝国議会ノ協賛ヲ経ヘシ

2　予算ノ款項ニ超過シ又ハ予算ノ外ニ生シタル支出アルトキハ後日帝国議会ノ承諾ヲ求ムルヲ要ス

第65条　予算ハ前ニ衆議院ニ提出スヘシ

第66条　皇室経費ハ現在ノ定額ニ依リ毎年国庫ヨリ之ヲ支出シ将来増額ヲ要スル場合ヲ除ク外帝国議会ノ協賛ヲ要セス

第67条　憲法上ノ大権ニ基ツケル既定ノ歳出及法律ノ結果ニ由リ又ハ法律上政府ノ義務ニ属スル歳出ハ政府ノ同意ナクシテ帝国

付録　明治憲法

議会之ヲ廃除シ又ハ削減スルコトヲ得ス

第68条　特別ノ須要ニ因リ政府ハ予メ年限ヲ定メ継続費トシテ帝国議会ノ協賛ヲ求ムルコトヲ得

第69条　避クヘカラサル予算ノ不足ヲ補フ為ニ又ハ予算ノ外ニ生シタル必要ノ費用ニ充ツル為ニ予備費ヲ設クヘシ

第70条　公共ノ安全ヲ保持スル為緊急ノ需用アル場合ニ於テ内外ノ情形ニ因リ政府ハ帝国議会ヲ召集スルコト能ハサルトキハ勅令ニ依リ財政上必要ノ処分ヲ為スコトヲ得

2　前項ノ場合ニ於テハ次ノ会期ニ於テ帝国議会ニ提出シ其ノ承諾ヲ求ムルヲ要ス

第71条　帝国議会ニ於テ予算ヲ議定セス又ハ予算成立ニ至ラサルトキハ政府ハ前年度ノ予算ヲ施行スヘシ

第72条　国家ノ歳出歳入ノ決算ハ会計検査院之ヲ検査確定シ政府ハ其ノ検査報告ト倶ニ之ヲ帝国議会ニ提出スヘシ

2　会計検査院ノ組織及職権ハ法律ヲ以テ之ヲ定ム

第7章　補　則

第73条　将来此ノ憲法ノ条項ヲ改正スルノ必要アルトキハ勅命ヲ以テ議案ヲ帝国議会ノ議ニ付スヘシ

2　此ノ場合ニ於テ両議院ハ各々其ノ総員3分ノ2以上出席スルニ非サレハ議事ヲ開クコトヲ得ス出席議員3分ノ2以上ノ多数ヲ得ルニ非サレハ改正ノ議決ヲ為スコトヲ得ス

第74条　皇室典範ノ改正ハ帝国議会ノ議ヲ経ルヲ要セス

2　皇室典範ヲ以テ此ノ憲法ノ条規ヲ変更スルコトヲ得ス

第75条　憲法及皇室典範ハ摂政ヲ置クノ間之ヲ変更スルコトヲ得ス

第76条　法律規則命令又ハ何等ノ名称ヲ用キタルニ拘ラス此ノ憲法ニ矛盾セサル現行ノ法令ハ総テ遵由ノ効力ヲ有ス

2　歳出上政府ノ義務ニ係ル現在ノ契約又ハ命令ハ総テ第67条ノ例ニ依ル

著者略歴

佐藤　潤一（さとう　じゅんいち）

1972年	東京生まれ
2003年	専修大学大学院法学研究科博士後期課程修了
	博士（法学）（専修大学）
2005年	大阪産業大学教養部専任講師
2010年	4月よりオーストラリア Universityo Queensland, T.C. Beirne School of Law, The Centre for Public, International and Comparative Law, Visiting Scholar（2011年3月まで）
現在	大阪産業大学国際学部教授

著書
『日本国憲法における「国民」概念の限界と「市民」概念の可能性——「外国人法制」の憲法的統制に向けて——』（専修大学出版局、2004年）
『平和と人権』（晃洋書房、2011年）
『法的視点からの平和学』（晃洋書房、2022年）
『憲法教育研究』（敬文堂、2022年）他

共著
松井幸夫編『変化するイギリス憲法——ニュー・レイバーとイギリス「憲法改革」——』（敬文堂、2005年）
佐藤潤一編著『基礎からの公法入門　地方自治法』（敬文堂、2008年）
倉持孝司・松井幸夫・元山健編著『憲法の「現代化」—ウェストミンスター型憲法の変動—』（敬文堂、2016年））
広島市立大学広島平和研究所編集『平和と安全保障を考える事典』（法律文化社、2016年）
榊原秀訓編著『現代イギリスの司法と行政的正義』（日本評論社、2020年）
成澤孝人・榊原秀訓編『イギリス保守党政権下の公法訴訟制度改革』（日本評論社、2024年7月、全280頁）他

政治のデザイン―憲法と国際社会

2025年3月25日　初版発行　　　定価はカバーに表示してあります

著　者	佐　藤　潤　一
発行者	竹　内　基　雄
発行所	株式会社　敬　文　堂

東 京 都 新 宿 区 早 稲 田 鶴 巻 町 538
東京(03)3203-6161代　FAX(03)3204-0161
振替 00130-0-23737
http://www.keibundo.com

©2025, Junichi SATO
Printed in Japan

ISBN978-4-7670-0265-1 C3032

印刷・製本／信毎書籍印刷株式会社
カバー装丁／株式会社リリーフ・システムズ
落丁・乱丁本は，お取替えいたします。